FRECUENCIAS

Español comunicativo para el siglo XXI

Libro de ejercicios

Equipo **Frecuencias**

Nivel

A1

PARTE 1 A1.1

Edinumen

Créditos fotográficos:

Pág. 10, Patio: Salvador Aznar, Shutterstock.com; **Pág. 13,** Calle de noche: Javen, Shutterstock.com; **Pág. 16,** Museo: Tupungato, Shutterstock.com; Iglesia: NaughtyNut, Shutterstock.com; **Pág. 19,** Nevera: John And Penny, Shutterstock.com; **Pág. 21,** Casa Azul: R.M. Nunes, Shutterstock.com; Palacio Nacional: Kamira, Shutterstock.com; **Pág. 27,** Zapatos Manolo Blahnik: Andrea Delbo, Shutterstock.com; Perfume Carolina Herrera: Simon Booth, Shutterstock.com; Camiseta Custo: catwalker, Shutterstock.com; Vestido Narciso Rodríguez: lev radin, Shutterstock.com; Vestidos Ágatha Ruiz de la Prada: catwalker, Shutterstock.com; **Pág. 30,** Museo del Prado: rubiphoto, Shutterstock.com

ISBN - Libro de ejercicios: 978-84-9179-542-1
Depósito Legal: M-16546-2020

Impreso en España
Printed in Spain
0222

Coordinación pedagógica:
M.ª José Gelabert

Coordinación editorial:
Mar Menéndez

Diseño de maqueta:
Juanjo López y Sara Serrano

Diseño de portada y maquetación:
Carlos Casado, Juanjo López y Sara Serrano

Estudio de grabación:
Producciones Activawords

Impresión:
Gráficas Glodami

Editorial Edinumen
José Celestino Mutis, 4. 28028 Madrid. España
Teléfono: (34) 91 308 51 42
Correo electrónico: edinumen@edinumen.es
www.edinumen.es

EXTENSIÓN DIGITAL en ELEteca

Un espacio en constante actualización

- Las **audiciones** de este libro se encuentran disponibles y descargables en nuestra plataforma educativa.
- Para acceder a este espacio, entra en la **ELEteca** (https://eleteca.edinumen.es), activa el código que tienes a continuación y sigue las instrucciones.

CÓDIGO DE ACCESO*

kFrLKFWAHK

Para más información, consultar los términos de uso de la ELEteca.

* Este código de activación permite el acceso a los materiales digitales que acompañan este producto durante dieciocho meses.

Índice

Unidad 1 Nos presentamos

Palabras

1 Completa estas series numéricas con la cifra correcta.

1. 1, 3, 5, 7, 9, **trece/once/doce**, 13, 15, 17, **diecinueve/dieciocho/veinte**, 21, 23...
2. 2, 4, 6, 8, **once/diez/trece**, 12, 14, 16, **diecisiete/diecinueve/dieciocho**, 20, 22...
3. 3, 6, 9, 12, 15, 18, **veinte/veintiuno/veintidós**, 24, 27, **treinta/treinta y uno/treinta y dos**, 33, 36, 39, **cuarenta/cuarenta y dos/cuarenta y tres**, 45, 48...
4. 5, 10, 15, 20, 25, 30, 35, **treinta y siete/cuarenta/treinta y nueve**, 45, 50, 55, **cincuenta y dos/setenta/sesenta**, 65, 70, 75, **ochenta/ochenta y cuatro/ochenta y seis**, 85, 90...

2 Encuentra estos números en la imagen.

setenta y seis	veintiuno	dieciocho
treinta y seis	cincuenta y dos	cincuenta y nueve
noventa y seis	treinta y uno	cuarenta y tres
ochenta y tres	sesenta y cuatro	diez
veinte	cinco	setenta

3 Realiza estas operaciones y escribe el resultado en letras.

1. 7 x 6 = ...
2. 10 x 9 = ...
3. 17 + 38 = ...
4. 75 – 13 = ...
5. 40 + 11 = ...
6. 90 + 12 = ...
7. 10 + 8 = ...
8. 31 – 10 = ...
9. 3 x 4 = ...
10. 11 + 11 = ...

4 [1] Escucha la grabación y escribe los 6 números ganadores del premio de la bonoloto.

1. ....
2. ....
3. ....
4. ....
5. ....
6. ....

5 Escribe las siguientes nacionalidades en masculino y femenino.

M 1. *australiano*
F 2.

M 5.
F 6.

M 9.
F 10.

M 13.
F 14. *alemana*

M 3.
F 4.

M 7.
F 8.

M 11.
F 12.

M 15.
F 16.

5a **Elige la opción correcta.**

Una buena estrategia para aprender vocabulario es...

1. relacionar imágenes con palabras. 2. memorizar imágenes. 3. ordenar por orden alfabético.

6 **¿Sabes de dónde son estas cosas? Elige la forma de la nacionalidad correcta. Fíjate en el género (femenino/masculino) y en el número (singular/plural) de las palabras.**

1. Los tulipanes son ....

2. Las pirámides son ....

3. El *sushi* es ....

4. Los quesos son ....

5. El café es ....

6. La paella es ....

7. El carnaval es ....

8. La hamburguesa es ....

7 **Relaciona las imágenes con las profesiones.**

☐ enfermero/a	☐ cantante
☐ recepcionista	☐ pintor/a
☐ futbolista	☐ cocinero/a
☐ arquitecto/a	☐ escritor/a
☐ actor/actriz	☐ director/a

1 gorro

3 teléfono

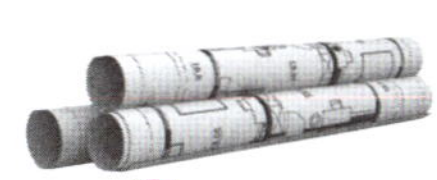

5 planos

7 pelota

9 pinceles

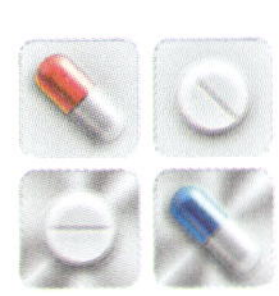

2 pastillas

4 micrófono

6 papel y lápiz

8 silla

10 escenario

8 **¿De dónde son estos personajes famosos? ¿Qué profesión tienen? Consulta en internet si es necesario.**

1. Brad Pitt: *actor estadounidense*
2. Neymar y Ronaldinho: ....
3. Frida Kahlo y Diego Rivera: ....
4. Antonio Gaudí: ....
5. Shakira: ....
6. Van Gogh: ....
7. Vladimir Putin: ....
8. Jennifer Aniston y Sandra Bullock: ....

Gramática

9 Relaciona.

1. tu amiga
2. la madre y la hermana de Juan
3. Juan
4. Diego y yo
5. tu madre, tu padre y tú
6. tus profesores

a. él
b. ella
c. nosotros
d. vosotros
e. ellos
f. ellas

10 Completa la tabla con las formas que faltan del presente de indicativo.

	Ser	Tener	Hablar	Llamarse
yo	soy	[5]	[9]	[13] .... llamo
tú	[1]	tienes	[10]	te [14] ....
él, ella, usted	[2]	[6]	habla	[15] ....
nosotros/as	somos	[7]	hablamos	nos [16] ....
vosotros/as	[3]	tenéis	[11]	[17] .... llamáis
ellos, ellas, ustedes	[4]	[8]	[12]	[18] .... llaman

11 Ordena las letras de los globos para formar verbos y pronombres.

1. s o t o n s r o › *nosotros*
2. o l m a l › ....
3. i s s o › ....
4. m s o s o › ....
5. s t u d e e s › ....
6. l a l e s › ....
7. r a m t j a o s b a › ....
8. n e t o g › ....
9. e n m o e t s › ....
10. i e v v n › ....

12 Relaciona las preguntas con su información.

1. ¿Cómo te llamas?
2. ¿Cuántos años tienes?
3. ¿De dónde eres?
4. ¿Dónde vives?
5. ¿Cuál es tu dirección en Madrid?
6. ¿Qué lenguas hablas?
7. ¿A qué te dedicas?
8. ¿Cuál es tu número?

a. nacionalidad
b. teléfono
c. lugar de residencia
d. nombre
e. dirección
f. profesión
g. edad
h. idiomas

13 Escribe una pregunta para cada respuesta.

1. ¿ .... ? Son de Italia.
2. ¿ .... ? Yo tengo 31 años y ella tiene 33.
3. ¿ .... ? Soy informático.
4. ¿ .... ? Vive en Buenos Aires.
5. ¿ .... ? Hablo español y francés. Pedro habla inglés también.

14 Clasifica las palabras del recuadro en la tabla.

cubana | conductor | vivir | ~~hospital~~ | británica | dedicarse | canadienses | iraní | trabajar | enfermera
escuela | escribir | empresa | mesero | tienda | polaca | llamarse | ser | tener | farmacéutica | clínica
diseñadora gráfica | saludarse | peruana | japoneses | alemán | relacionar

Lugares de trabajo	Nacionalidades	Profesiones	Verbos
hospital			

15 Escucha esta conversación entre el recepcionista de un gimnasio y dos clientes. Después completa los formularios de inscripción.

[2]

1

Formulario de inscripción

Nombre: Miguel
Apellido: Moreno
Edad: 1. ....
Profesión: 2. ....
Teléfono: 609 30 54 66
Correo electrónico: 3. ....

2

Formulario de inscripción

Nombre: Ana
Apellido: 4. ....
Edad: 55 años
Profesión: 5. ....
Teléfono: 6. ....
Correo electrónico: aalonso@mail.com

Para poder dar nuestra dirección de correo electrónico necesitamos saber en español dos símbolos:
- @ se dice *arroba*.
- . se dice *punto*.

16 **Andrés hace un intercambio de quince días en Berlín. Escribe un correo electrónico a su amiga Eva para hablar sobre su nueva familia. Lee el correo y di si las afirmaciones son verdaderas o falsas.**

De: Andrés   Para: Eva   Asunto: Berlín

Hola, Eva:

¿Qué tal estás?

Yo estoy ya en Berlín y conozco a todos los miembros de mi nueva familia. Son muy simpáticos. Hablo alemán con ellos, pero no comprendo todo. A veces hablamos en inglés. La madre se llama Katja, tiene 49 años, es enfermera y trabaja en un hospital. El padre se llama Ricardo, es colombiano, tiene 56 años y es arquitecto. El mayor de los hijos es Christoph. Tiene 20 años y es estudiante de Medicina. Wiebke tiene la misma edad que yo, 15 años; tenemos clase juntos y conozco también a sus amigos. Y la más pequeña es Johanna, que tiene 10 años. ¡Me encanta mi nueva familia!

¡Espero tus noticias!

Un abrazo,

Andrés

1. Toda la familia es alemana. .... V F
2. Andrés tiene 15 años. .... V F
3. Andrés comprende todo en alemán. .... V F
4. Wiebke tiene clase con Andrés. .... V F
5. Katja es colombiana. .... V F
6. El padre es enfermero. .... V F
7. La familia tiene 3 hijos. .... V F
8. La familia vive en Berlín. .... V F

17 **Escribe información sobre tu familia: nombre, edad, profesión, nacionalidad, lugar de residencia, idiomas que habla, etc.**

Mis padres: ....

Mis hermanos: ....

Y yo: ....

Cultura

18 Relaciona cada país del mapa con su nombre correspondiente.

a. Paraguay	k. República Dominicana
b. México	l. Argentina
c. Colombia	m. Puerto Rico
d. Perú	n. Costa Rica
e. Venezuela	ñ. Nicaragua
f. Bolivia	o. Chile
g. Guatemala	p. Uruguay
h. Cuba	q. El Salvador
i. Honduras	r. Ecuador
j. Panamá	

1. ☐	5. ☐	9. ☐	13. ☐	17. ☐
2. ☐	6. ☐	10. ☐	14. ☐	18. ☐
3. ☐	7. ☐	11. ☐	15. ☐	19. ☐
4. ☐	8. ☐	12. ☐	16. ☐	

19 Elige la capital de cada uno de los siguientes países.

1. CUBA — Quito/La Habana/Lima/Caracas
2. COLOMBIA — Asunción/Caracas/Bogotá/Santiago
3. MÉXICO — México/Ciudad de México/Asunción/San José
4. ARGENTINA — Santiago/Madrid/Caracas/Buenos Aires
5. COSTA RICA — Quito/Managua/San José/San Juan
6. VENEZUELA — Caracas/Asunción/Madrid/Lima
7. PERÚ — Lima/San Juan/Managua/La Paz
8. ESPAÑA — Santiago de Compostela/Barcelona/Sevilla/Madrid

20 ¿Son verdaderas o falsas las siguientes afirmaciones sobre el mundo hispano?

1. México es el país con más habitantes nativos de español. .... V F
2. Más de 600 millones de personas en el mundo hablan español. .... V F
3. El español es la tercera lengua más importante en internet. .... V F
4. En América del Norte no hay países de habla hispana. .... V F
5. En Estados Unidos hablan español como lengua nativa más de 25 millones de personas. .... V F
6. En África hay un país con hablantes nativos de español. .... V F
7. En los países hispanohablantes usan un apellido. .... V F
8. En España se usa la palabra *celular* para referirse al teléfono móvil. .... V F

Unidad 2 Mi casa, mi barrio

Palabras

1 Relaciona las palabras con la imagen correspondiente.

a. edificio de pisos
b. chalé adosado
c. piscina
d. jardín
e. casa con patio
f. urbanización

2 Elige el sinónimo de *casa*. Puedes usar el diccionario.

1. planta
2. habitaciones
3. edificio
4. baño
5. vivienda
6. ascensor

3 Marca el intruso de cada serie.

1. mesa, mueble, silla, baño
2. cocina, dormitorio, colegio, terraza
3. cafetería, horno, banco, tienda
4. jardín, casa, chalé, piso
5. nevera, lavavajillas, garaje, lavadora

4 [3] Escucha el siguiente diálogo y di si las informaciones son verdaderas o falsas.

1. La señora está interesada en comprar un piso. .... V F
2. La referencia del piso es 9241. .... V F
3. El piso se encuentra en la calle Cartagena, 15. .... V F
4. El edificio tiene conserje día y noche. .... V F
5. El piso no tiene una plaza de garaje. .... V F
6. El piso está bien comunicado porque tiene dos paradas de metro y una de autobús. .... V F
7. En el barrio hay más de un supermercado. .... V F
8. Para llegar al centro comercial y al colegio es necesario el coche. .... V F
9. La cita es directamente en la inmobiliaria. .... V F
10. La cita es a las 17 h. .... V F

4a [3] Vuelve a escuchar el diálogo y corrige las frases falsas con la información correcta.

....

....

....

....

....

5 Ordena las letras de los globos para formar palabras.

1. n a v e r e › *nevera*
2. o c i e i f d i › ....
3. n a l ó s › ....
4. r a q u l e i l › ....
5. a r e r z t a › ....
6. n c a l ó b › ....
7. r c a s e n o s › ....
8. v l a a o r d a › ....

6 Clasifica las palabras del recuadro en la tabla.

hospital | cocina | mesa | electrodoméstico | parque | terraza | dormitorio | supermercado | mueble
farmacia | baño | tienda | cafetería | calefacción | silla | colegio | banco | horno

En el barrio	En la casa

7 Lee las frases y decide a qué imagen corresponden.

1. ☐ Vivo en un barrio muy antiguo.
2. ☐ Mi casa está cerca de un parque.
3. ☐ En mi calle hay muchos balcones.
4. ☐ Necesito una casa con garaje.
5. ☐ Mi casa tiene dos plantas.
6. ☐ Hay muchos árboles y plantas.
7. ☐ El edificio tiene varios pisos.
8. ☐ La calle es tranquila, es posible ir en bicicleta.

8 Mira la casa de la imagen y escribe una redacción de cincuenta palabras describiendo cómo es.

....

....

....

....

....

....

....

Gramática

9 Escribe el femenino de los siguientes nombres.

1. niño › ....
2. hombre › ....
3. padre › ....
4. caballo › ....
5. perro › ....
6. gato › ....
7. profesor › ....
8. chico › ....

10 Clasifica estos nombres en su artículo correspondiente.

árbol | viajes | baños | televisión | calles | escuela | lápiz | apartamento | libros | plantas | casas | problemas | manos | radio | nacionalidad | viaje

el	la	los	las

11 Indica si los siguientes nombres son masculinos (M) o femeninos (F) y escribe el plural.

1. M F camión ....
2. M F dormitorio ....
3. M F edificio ....
4. M F actriz ....
5. M F mapa ....
6. M F mano ....
7. M F historia ....
8. M F viaje ....
9. M F amigo ....
10. M F noche ....

12 Elige el adjetivo adecuado para cada nombre.

1. **casas:**
   a. grandes
   b. interesante
   c. céntricos
2. **silla:**
   a. alto
   b. clásico
   c. cómoda
3. **pisos:**
   a. pequeño
   b. céntricos
   c. moderna
4. **barrios:**
   a. modernos
   b. antiguas
   c. residencial

13 Forma el plural de estas palabras.

1. una cocina › *unas cocinas*
2. una casa › ....
3. una habitación › ....
4. un baño › ....
5. un salón › ....
6. un lavavajillas › ....
7. una lavadora › ....
8. un horno microondas › ....
9. un sofá › ....
10. un ascensor › ....

14 Completa con el artículo determinado.

1. *la* casa
2. *los* chicos
3. .... señor
4. .... cocineros
5. .... barrio
6. .... cocinas
7. .... piscina
8. .... hospital
9. .... jardines
10. .... calefacción
11. .... ascensor
12. .... dormitorios

15 Completa con el artículo indeterminado.

1. ....*una*.... habitación
2. ....*unos*.... árboles
3. .... apartamentos
4. .... piso
5. .... gimnasio
6. .... televisión
7. .... libros
8. .... farmacia
9. .... autobús
10. .... hospital
11. .... mano
12. .... sofá

16 Fíjate en la imagen y selecciona las frases correctas.

1. ☐ En la calle hay una iglesia.
2. ☐ Delante de la iglesia hay un parque.
3. ☐ En la calle hay tiendas.
4. ☐ Al lado de los coches hay un banco.
5. ☐ Entre los edificios hay muchos árboles.
6. ☐ Hay coches en el medio de la calle.
7. ☐ No hay grafitis en los edificios.

17 Completa las frases con la opción correcta.

1. El banco de mi barrio **hay/está/están** al lado de la escuela.
2. En la casa de mis padres **hay/está/están** muchos muebles.
3. Las tiendas más modernas **hay/está/están** en el centro de la ciudad.
4. En Madrid **hay/está/están** muchas escuelas de español.
5. La escuela más antigua **hay/está/están** delante de la catedral.
6. ¡No **hay/está/están** platos en la mesa!

18 Escucha a estas seis personas y relaciona cada intervención con la imagen de la que hablan.

[4]

A ☐

B ☐

C ☐

D ☐

E ☐

F ☐

19 Completa las frases con la opción correcta.

1. ¿Sabe dónde **hay/está/tiene** un centro comercial?
2. No sé dónde **hay/está/tiene** la biblioteca.
3. **Hay/Está/Tiene** un banco delante de mi oficina.
4. En mi habitación **hay/está/tiene** una terraza enorme.
5. Mi casa **hay/está/tiene** dos plantas.
6. La urbanización de Rocío **hay/está/tiene** piscina.
7. En la cocina de mi casa **hay/está/tiene** mucha luz.
8. ¿Dónde **hay/está/tiene** el baño, por favor?

20 Relaciona cada pregunta con la respuesta adecuada.

1. Disculpe, ¿sabe dónde está el baño?
2. ¿Dónde están los estudiantes?
3. ¡Luis, Laura! ¿Dónde estáis?
4. ¿Hay una farmacia en este barrio?
5. ¿Hay estudiantes en la clase hoy?

a. ¡Estamos detrás de este árbol!
b. Están en el parque.
c. No, no hay gente, qué extraño.
d. Sí, está entre la cafetería y el gimnasio.
e. Está al lado de la habitación grande.

21 Observa estas imágenes y decide si estas afirmaciones son verdaderas o falsas.

1. En la habitación hay mucha luz. .... V F
2. En la clase hay pocos estudiantes. .... V F
3. En mi calle hay muchos coches. .... V F
4. En esta biblioteca hay mucho ruido. .... V F

22 Ordena las palabras y forma frases correctas.

1. hay/¿Cuántos/tu/restaurantes/barrio?/en ....
2. platos/armario./Los/dentro/del/están ....
3. árboles./muchos/jardín/hay/En/mi ....
4. muebles./habitación/En/la/espacio/muchos/porque/poco/hay/tiene
....

23 Escribe las siguientes cifras en letras.

1. 455 ....
2. 391 ....
3. 667 ....
4. 776 ....
5. 853 ....
6. 587 ....

24 Escribe en letras estos números ordinales.

1. 1.ª planta › ....
2. 1.º piso › ....
3. 3.º año › ....
4. 10.ª edición › ....
5. 7.ª pregunta › ....
6. 8.ºs juegos › ....

Cultura Las Ramblas

25 Relaciona estos lugares emblemáticos de Barcelona con su nombre.

1. ☐ Mercado de la Boquería
2. ☐ Fuente de Canaletas
3. ☐ Teatro del Liceo
4. ☐ Casa de los Paraguas
5. ☐ Farmacia Nadal
6. ☐ Mosaico de Joan Miró

26 **Decide si estas afirmaciones sobre los lugares anteriores son verdaderas o falsas.**

1. Los monumentos y lugares de la actividad anterior están a las afueras de Barcelona. .... V F
2. Los monumentos y lugares de la actividad anterior están en una calle de Barcelona. .... V F
3. La Fuente de Canaletas es el lugar favorito de los seguidores del Barcelona F. C. .... V F
4. La Casa de los Paraguas es un edificio de estilo neoclásico. .... V F
5. El mosaico de Joan Miró está en el corazón de las Ramblas. .... V F
6. El mercado de la Boquería está en un parque cerca de las Ramblas. .... V F
7. El Teatro del Liceu es famoso internacionalmente entre los aficionados a la ópera. .... V F

27 **Describe un lugar famoso de tu interés. ¿Dónde está? ¿Qué hay? ¿Qué monumentos famosos tiene?**

....

....

....

....

....

....

Unidad 3 Vamos de viaje

Palabras

1 Relaciona cada imagen con la palabra correcta.

a. museo | b. iglesia | c. ruinas | d. plaza | e. parque | f. mirador

1 ☐

2 ☐

3 ☐

4 ☐

5 ☐

6 ☐

2 Completa las frases con alguna de las palabras anteriores.

1. Voy al .... para ver cuadros.
2. En Italia hay muchas ....
3. Desde este .... se puede ver toda la costa.

3 Escribe una frase con las palabras que no están en la actividad 2.

....

....

....

4 Escribe la palabra correcta que corresponde a estas definiciones.

1. Templo cristiano. ....
2. Lugar amplio y espacioso en un pueblo o ciudad. ....
3. Lugar desde el que se tienen buenas vistas. ....
4. Restos de edificios. ....
5. Espacio con árboles y jardines donde se puede pasear. ....
6. Lugar donde se exponen cuadros. ....

5 Escribe la palabra correcta debajo de la imagen correspondiente.

duchas
aparcamiento
baños
piscina
zona de acampada
parque infantil

1

....

2

....

3

....

4

....

5

....

6

....

6 Continúa las frases correctamente.

1. El contrario de *cerca*
2. El aparcamiento está
3. La piscina está entre el aparcamiento
4. El restaurante está a la
5. La zona de acampada está delante

a. y el parque infantil.
b. es *lejos*.
c. detrás del supermercado.
d. derecha de la recepción.
e. de la piscina.

7 Lee el texto y marca verdadero o falso.

Hola. Me llamo Miguel y os voy a hablar de mis gustos y preferencias al viajar. Cuando viajo, prefiero ir siempre a una casa que tengo en la playa; la montaña no me gusta mucho, prefiero descansar cerca del mar; pero no solo descansar, también algunas veces hago surf, me encanta. Hay una cosa que no me gusta: el submarinismo. Prefiero nadar y tomar el sol cerca del agua. Detrás de mi casa hay un restaurante donde como los fines de semana. Entre el restaurante y mi casa hay una piscina, pero nunca voy.

1. Miguel tiene una casa en la playa. .... V F
2. Le gustan la playa y la montaña. .... V F
3. Prefiere tomar el sol lejos del agua. .... V F
4. Su casa está detrás del restaurante. .... V F
5. La piscina está entre el restaurante y su casa. .... V F

8 Si haces turismo cultural, ¿qué actividades realizas?

- ☐ Ir a la playa.
- ☐ Ver un museo.
- ☐ Descansar.
- ☐ Ir a la montaña.
- ☐ Tomar el sol.
- ☐ Ver monumentos.
- ☐ Ver animales.
- ☐ Ver un espectáculo.

9 Completa el tipo de actividad ordenando las letras de los globos.

1. Ir a un (e) (r) (d) (o) (c) (m) (a) .... de artesanía.
2. Hacer (b) (m) (a) (m) (o) (s) (u) (n) (i) (s) (r) (i) ....
3. Hacer (f) (r) (s) (u) ....
4. Ir a la (m) (ñ) (t) (o) (a) (a) (n) ....

10 Relaciona las imágenes con el tipo de turismo.

Turismo... 1. de naturaleza: .... 2. de sol y playa: .... 3. cultural: ....

Gramática

11 Completa la tabla con las formas que faltan del presente de indicativo.

Ir	Viajar	Poder	Preferir
voy	[5]	[9]	prefiero
[1]	viajas	[10]	[13] ....
[2]	[6]	puede	[14] ....
vamos	[7]	podemos	preferimos
[3]	viajáis	[11]	[15] ....
[4]	[8]	[12]	prefieren

12 Elige la opción correcta.

1. Mañana vamos **a/en** la playa.
2. Prefiero viajar **a/en** tren.
3. Mi casa está **a/en** diez minutos de la escuela.
4. El restaurante está **a/en** la calle de atrás.
5. Como no tengo coche voy **a/en** pie.
6. Voy **a/en** casa **a/en** metro.

13 ¿Qué expresan las preposiciones de las siguientes frases?

destino | localización
medio de transporte
tiempo | distancia

1. Prefiero viajar **en** autobús porque es más barato. ....
2. El hotel está **a** 5 minutos. ....
3. Día 4: Visita **al** centro histórico de la ciudad. ....
4. La isla Saona está **en** el parque nacional de Cotubanamá. ....
5. El aeropuerto está **a** 20 kilómetros del hotel. ....
6. Yo quiero viajar **a** Buenos Aires porque es una ciudad muy interesante. ....

14 ¿En qué frases es necesario usar la contracción *al*?

1. Voy a el cine esta tarde.
2. La visita a la catedral es mañana.
3. Damos el regalo a los niños.
4. Luego vamos a el médico.
5. ¿A qué hora llegas a el aeropuerto?

15 Elige la opción correcta.

▶ Hola, Pedro, cuéntame, ¿cómo [1] **es/está/hay** tu ciudad?

▷ Pues mi ciudad [2] **es/está/hay** pequeña pero muy bonita. No [3] **es/está/hay** playa porque [4] **es/está/hay** lejos de la costa.

▶ ¿Y [5] **es/está/hay** algún restaurante peruano?

▷ No, no [6] **es/está/hay**. Solo [7] **es/está/hay** restaurantes mexicanos. Mi favorito [8] **es/está/hay** cerca de mi casa. [9] **Es/Está/Hay** muy grande.

16 Relaciona los contrarios.

1. seguro	a. barato
2. lento	b. peligroso
3. caro	c. contaminante
4. ecológico	d. impuntual
5. puntual	e. rápido

16a Escribe cinco frases usando cinco adjetivos de la actividad anterior.

1. ....
2. ....
3. ....
4. ....
5. ....

17 Escucha y marca quién dice estas frases.

[5]

	María	Juan	Manuel
1. Prefiere viajar en avión porque es cómodo.	☐	☐	☐
2. En el autobús puedes dormir, según sus amigos.	☐	☐	☐
3. Cuando viaja en coche puede escuchar música.	☐	☐	☐
4. Para ir a su escuela prefiere la bicicleta.	☐	☐	☐
5. El autobús es el transporte menos puntual.	☐	☐	☐
6. La bicicleta es el transporte más económico.	☐	☐	☐

18 Elige la opción correcta.

1. Distancia intermedia	a. aquí
2. Más lejos del hablante	b. ahí
3. Más cerca del hablante	c. allí

19 Relaciona las siguientes palabras con su imagen correspondiente.

aire acondicionado | bufé libre | habitación doble | conexión wifi | minibar
recepcionista | aparcamiento | ubicación

1. ....

2. ....

3. ....

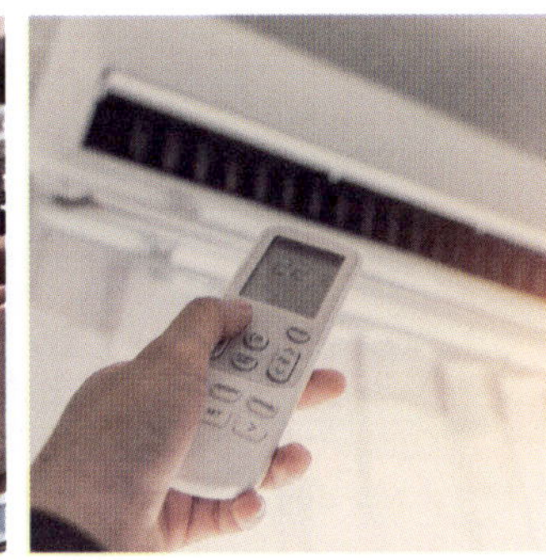

4. ....

5. ....

6. ....

7. ....

8. ....

20 Relaciona la información del hotel con las preguntas.

1. Tiene una ubicación muy céntrica.	a. ¿El hotel tiene aparcamiento?
2. El desayuno y la cena.	b. ¿Cómo son las habitaciones?
3. Es un hotel de tres estrellas.	c. ¿Hay wifi?
4. Sí, todas las habitaciones tienen conexión.	d. ¿Es muy caro?
5. Dobles e individuales.	e. ¿Qué incluye la reserva?
6. Sí, y *jacuzzi* también.	f. ¿Dónde está?
7. Sí, subterráneo.	g. ¿Qué categoría tiene?
8. No, en realidad es bastante económico.	h. ¿Tiene piscina?

21 Escucha la opinión de un cliente de un hotel y marca qué es lo mejor (M) y lo peor (P) para él.

[6]

- ☐ aire acondicionado
- ☐ bufé libre
- ☐ habitación
- ☐ baño
- ☐ conexión wifi
- ☐ aparcamiento
- ☐ ubicación

22 Escribe la forma correcta de los verbos *ir, preferir, poder* y *costar.*

1. ▶ ¿Cómo vas a la escuela?
   ▷ Pues depende. Si .... solo, andando, pero si me acompaña mi hermano, los dos .... en autobús.
2. Como tienes una casa en la playa .... ir allí sin problema.
3. Hay muchos tipos de helado, pero ellos .... el de chocolate.
4. Esta habitación .... 50 euros por noche, desayuno incluido. Otros hoteles con M. P. .... más dinero.

Fíjate
Cuando miramos información sobre hoteles podemos encontrar estas siglas:
- S. A. (solo alojamiento)
- A. D. (alojamiento y desayuno)
- M. P. (media pensión)
- P. C. (pensión completa)

23 Lucas lleva poco tiempo en Madrid y pregunta varias direcciones a una señora. Di si las siguientes afirmaciones son verdaderas o falsas.

Lucas: Perdone, ¿cómo puedo llegar desde aquí al Palacio Real?

Señora: Pues mira, puedes coger el metro, son seis paradas y no vas a tardar mucho. Otra opción es ir en autobús. La parada está ahí y pasan dos que te llevan a ese destino. También puedes ir a pie, está a veinte minutos andando, más o menos.

Lucas: Pues prefiero ir andando. ¿Cómo llego hasta allí?

Señora: Muy fácil. Sigue todo recto por esta calle. Al final, gira a la derecha y cruza una plaza. Allí está el palacio.

Lucas: Y una última cosa. ¿Sabe cuánto cuesta la entrada?

Señora: No recuerdo, pero no cuesta mucho.

Lucas: Muchas gracias.

1. El Palacio Real está a seis paradas en metro. ..... V F
2. Solo hay un autobús que va allí. .... V F
3. No es posible ir a pie. .... V F
4. Se tardan unos veinte minutos en llegar. .... V F
5. El palacio está en una plaza. .... V F
6. La entrada es bastante cara. .... V F

24 Escribe información sobre tu ciudad siguiendo las instrucciones.

Di dónde está, cómo es y qué hay. ....

....

....

....

Explica qué medios de transporte tiene: cuáles son tus favoritos, características, precio… ....

....

....

....

Di qué es lo mejor y lo peor de tu ciudad en tu opinión. ....

....

....

....

....

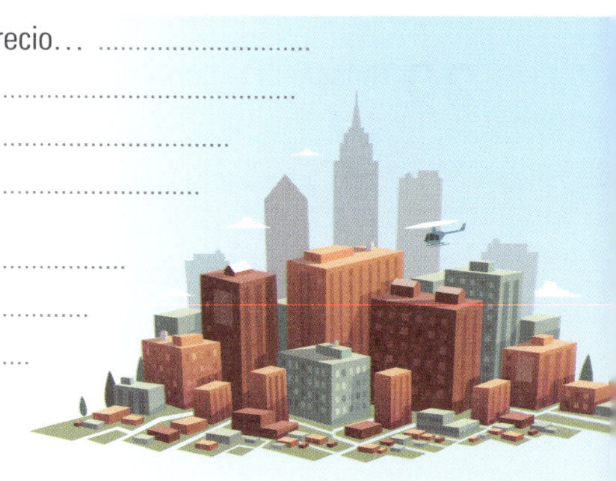

Cultura

25 ¿Sabes cómo se llaman estos platos e ingredientes típicos mexicanos? Relaciona las imágenes con su nombre correspondiente.

a. frijoles | **b.** quesadillas | **c.** chile | **d.** tacos

1 ☐

2 ☐

3 ☐

4 ☐

26 Forma el nombre completo de estos lugares mexicanos de interés turístico y luego relaciónalos con su fotografía correspondiente.

☐	1. La Catedral	a. Constitución
☐	2. La plaza de la	b. Metropolitana
☐	3. La Basílica de	c. Nacional
☐	4. La Casa	d. Guadalupe
☐	5. El Palacio	e. Azul
☐	6. Las Pirámides de	f. Teotihuacán

A

B

C

D

E

F

27 Marca si son verdaderas o falsas las siguientes afirmaciones sobre México.

1. La plaza de la Constitución también es conocida como *el Zócalo*. .... V F
2. Los bicibuses son gratuitos. .... V F
3. El Museo de Frida Kahlo está en la Basílica de Guadalupe. .... V F
4. Existe un museo dedicado al chocolate. .... V F
5. Es muy popular la música de los mariachis. .... V F
6. La paella es una comida típica de México. .... V F
7. En la plaza Garibaldi no se puede comer. .... V F
8. Los ciclotaxis son cómodos y baratos. .... V F

Unidad 4 En familia

Palabras

1 Esta es la familia de Lucía. Relaciona cada palabra con la persona correspondiente.

abuelo | tío | prima | padre | tía | abuela | madre | hermano | primo | *hija*

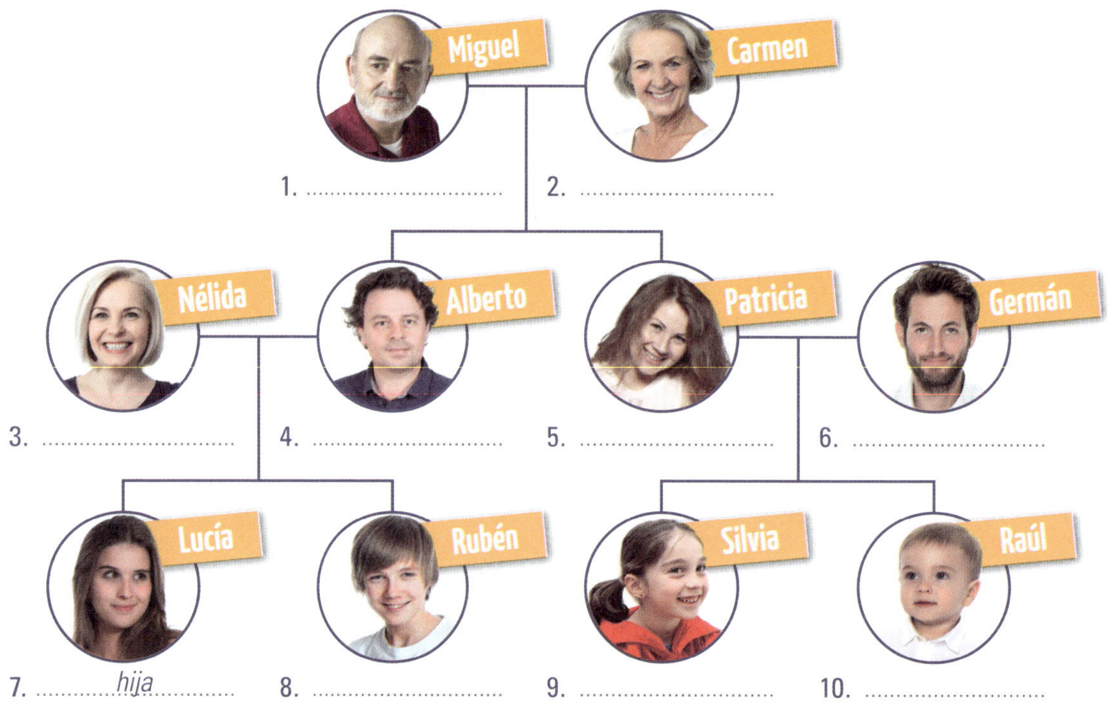

2 Mira de nuevo el árbol genealógico y elige la opción correcta.

1. La **mujer/hermana/sobrina** de Germán se llama Patricia, su **hija/nieta/prima** Silvia y su **hijo menor/hija menor/sobrino**, Raúl.
2. El **marido/padre/hermana** de Nélida es Alberto, Lucía es su **hija mayor/tía/nieta**.
3. Los **sobrinos/primos/hijos** de Patricia se llaman Lucía y Rubén. Ellos también son los **nietos/sobrinos/hijos** de Miguel y Carmen.
4. Alberto y Patricia son **hermanos/nietos/casados**. Sus **padres/abuelos/tíos** son Miguel y Carmen.
5. Rubén, Lucía, Raúl y Silvia son **primos/hermanos/nietos**. Sus **abuelos/padres/tíos** son Miguel y Carmen.
6. Patricia es la **tía/hermana/madre** de Lucía y Rubén. Alberto es el **tío/padre/sobrino** de Raúl y Silvia.

3 Elige la característica que coincide con la imagen.

Mi tío es [1] **alto/bajo**. Mi tía tiene [2] **el pelo largo/el pelo corto** y es [3] **delgada/gorda**. Mi primo es [4] **moreno/rubio** y tiene [5] **el pelo liso/el pelo rizado**. Mi prima también es [6] **rubia/morena** pero tiene el pelo [7] **liso/rizado**. Todos son muy [8] **simpáticos/antipáticos**.

4 Escribe el nombre de la ropa debajo de la imagen correspondiente.

1. .... de manga larga

2. .... verde

3. ....

4. ....

5. ....

6. .... roja

7. .... negro

8. ....

5 Pon cada nombre debajo de la imagen correspondiente.

algodón
lana
piel/cuero
seda

1.  ....

2.  ....

3.  ....

4.  ....

6 Escribe el nombre de cada color.

 1 ....

 2 ....

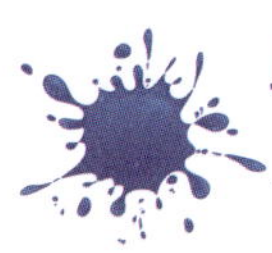 3 ....

 4 ....

 5 ....

 6 ....

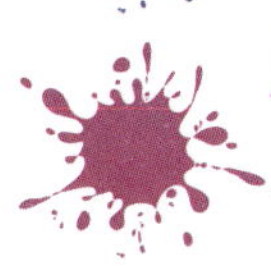 7 ....

 8 ....

7 [7] Escucha a Alicia. Habla de su hermano Andrés. Señala si las frases son verdaderas o falsas.

1. Andrés es alto y gordito. .... V F
2. Tiene los ojos azules y el pelo rubio. .... V F
3. No lleva gafas. .... V F
4. Lleva vaqueros y una camisa de manga larga. .... V F
5. Es trabajador y muy abierto. .... V F

8 Describe a la familia que aparece en la foto.

....
....
....
....
....
....

Gramática

9 **Completa las frases con el presente de indicativo de los siguientes verbos.**

regalar | trabajar | viajar | comer | vivir | practicar | ver | llegar | conocer

1. Normalmente .... deporte con mi amigo Lucas en el gimnasio de mi barrio.
2. Cuando tú .... a casa, ... una película en español.
3. Los domingos mi hermano y yo .... con nuestros abuelos que .... muy cerca.
4. Mi tío Andrés .... en un colegio. Es muy simpático con sus estudiantes.
5. Mis primos .... mucho y .... a mucha gente.
6. Con frecuencia mi padre .... flores a mi madre.

10 **Di si las siguientes frases expresan acciones habituales (H) o tiempo presente (P).**

1. ☐ Estoy en casa y Marta está en la oficina.
2. ☐ En este momento no tengo tiempo para ayudarte, ¡lo siento!
3. ☐ Mis amigos leen mucho, yo prefiero tocar el piano.
4. ☐ Mis amigas y yo corremos por el parque con frecuencia.
5. ☐ Hoy te quedas en casa para estudiar.
6. ☐ Julián y Rocío cantan normalmente en un karaoke.

11 **Completa este texto con la forma del presente de indicativo de los verbos entre paréntesis.**

Hola, [1] .... (llamarse) Sebastián, pero mis amigos me [2] .... (llamar) Sebas. Mis padres, mis hermanos y yo [3] .... (vivir) en Sevilla. [4] .... (Estudiar, yo) 1.º de la ESO (Educación Secundaria Obligatoria). Sergio, mi mejor amigo, y yo [5] .... (practicar) deporte todas las tardes. Jugamos al baloncesto. Mi madre [6] .... (trabajar) como comercial y por eso [7] .... (viajar) mucho. Mi padre y su socio [8] .... (trabajar) en el centro de Sevilla; son arquitectos y tienen un estudio. Los fines de semana todos [9] .... (comer) en casa de mis abuelos. Mi abuelo [10] .... (preparar) una paella muy buena. Como veis, soy un chico muy normal.

12 **Elige la frase que describe cada imagen.**

a. Están cocinando. | **b.** Está conduciendo. | **c.** Está estudiando. | **d.** Estoy abriendo la puerta. | **e.** Están corriendo. | **f.** Estamos haciendo deporte.

1 ☐

2 ☐

3 ☐

4 ☐

5 ☐

6 ☐

13 Completa la regla. Fíjate en la actividad anterior.

Para hablar de acciones que se están desarrollando en este momento, se usa la estructura [1] .... + ... Para formar el gerundio se sustituye la terminación del verbo por estas: verbos en ***-ar*** › [2] ...., verbos en ***-er, -ir*** › [3] ....

14 Observa la imagen y completa las frases. ¿Qué están haciendo? Después relaciona la descripción con la persona correspondiente.

1. ☐ Ana tiene el pelo largo, lleva un vestido rosa. .... (Montar) en bicicleta.
2. ☐ Su padre es castaño y tiene los ojos negros. Lleva unos pantalones marrones y una camiseta de manga larga azul. .... (Tomar) café y .... (pasear) al perro.
3. ☐ Su madre es morena. Lleva una falda azul y una camiseta roja. .... (Leer) un libro.
4. ☐ Su tía es rubia y tiene el pelo largo. Su tío es moreno. .... (Mirar) el lago desde un banco.
5. ☐ Su prima lleva unos pantalones rojos y una camiseta verde. Su primo lleva un pantalón marrón y una camiseta azul. .... (Jugar) en la arena.
6. ☐ Su hermana .... (hacer) yoga. Tiene el pelo negro. Lleva una camiseta de manga corta marrón y unos pantalones azules.
7. ☐ Su abuelo lleva barba y tiene el pelo blanco. Está con su abuela. .... (Sonreír) a sus nietos.

15 Escucha la descripción del carácter de los diferentes miembros de esta familia. Escribe cómo son.

[8]

1. Ana es ....
2. Su hermana es ....
3. Su madre es ....
4. Su padre es ....
5. Sus tíos son ....
6. Sus primos son ....
7. Sus abuelos son ....

16 Selecciona el demostrativo correcto según las indicaciones que se dan.

1. Quiero ir de compras porque **estos/esos/aquellos** vaqueros están muy viejos. (Aquí)
2. ¿Cuánto cuestan **estas/esas/aquellas** camisetas de manga corta de la estantería? (Ahí)
3. Me gustan **estos/esos/aquellos** bolígrafos de colores de allí. **Estos/Esos/Aquellos** son muy feos. (Aquí)
4. **Estos/Esos/Aquellos** zapatos de ahí son muy caros, pero **estos/esos/aquellos** de aquí son muy bonitos y baratos.
5. **Esta/Esa/Aquella** es la falda de mi cumpleaños. ¿A que es muy bonita? (Aquí)
6. Necesito **este/ese/aquel** bolso rojo para la fiesta; **este/ese/aquel** no es del color adecuado. (Ahí/aquí)

17 Elige el posesivo correcto en las siguientes frases.

1. Mi familia es grande, por eso **nuestra/nuestro/nuestras/nuestro** casa tiene muchas habitaciones.
2. Tu hermano y tú tenéis muchos primos. ¿Dónde viven **vuestras/vuestro/vuestra/vuestros** primos?
3. Sofía vive en un pueblo en la montaña. **Su/Sus/Mi/Mis** pueblo es precioso.
4. Tengo unas zapatillas nuevas. Me gustan **sus/tus/mis/mi** zapatillas.
5. Mis amigos tienen perros. **Sus/Su/Vuestros/Vuestro** perros son divertidos.
6. Tus vecinos no están, **su/vuestra/vuestro/sus** casa está cerrada.

18 Relaciona cada imagen con la frase correspondiente.

1. ☐ Amanda tiene muy buena relación con su hermana Marta. Están siempre juntas y hablan de sus cosas.
2. ☐ Juanjo tiene buena relación con sus compañeras y trabajan fenomenal juntos.
3. ☐ Ana a veces no tiene buena relación con su madre porque pasa mucho tiempo con su móvil.

19 Estás de vacaciones en España y vives con una familia española. Describe cómo es su físico y su carácter. Describe también cómo es tu relación con ellos.

....

....

....

....

....

....

....

Cultura

20 Di si la foto coincide con la actividad del diseñador/a.

1. ☐ Manolo Blahnik

2. ☐ Carolina Herrera

3. ☐ Custo Dalmau

4. ☐ Narciso Rodríguez

21 ¿A qué diseñador pertenece la siguiente información? Elige la opción correcta.

1. **Sus líneas de maquillaje y perfumes también son muy conocidas.**
   a. Custo Dalmau b. Carolina Herrera c. Narciso Rodríguez d. Manolo Blahnik
2. **Es fundador de una de las marcas de zapatos más prestigiosa del mundo.**
   a. Custo Dalmau b. Carolina Herrera c. Narciso Rodríguez d. Manolo Blahnik
3. **Su producto estrella son las camisetas, pero actualmente tiene una línea completa de moda.**
   a. Custo Dalmau b. Carolina Herrera c. Narciso Rodríguez d. Manolo Blahnik
4. **Diseñó el vestido de Michelle Obama para la inauguración presidencial.**
   a. Custo Dalmau b. Carolina Herrera c. Narciso Rodríguez d. Manolo Blahnik

22 Lee el texto sobre la diseñadora española Ágatha Ruiz de la Prada y ordénalo.

☐ Su estilo se basa también en el concepto de *moda cómoda*, en la ecología y en su relación con el arte contemporáneo.

☐ Ha publicado libros propios y diseñado portadas de libros y discos. Tiene un gran prestigio internacional y es una de nuestras mejores representantes en el extranjero.

☐ un estilo divertido, optimista y atrevido en el que el color y el volumen son protagonistas.

☐ Ágatha Ruiz de la Prada y Sentmenat (Madrid, 22 de julio de 1960) es una diseñadora de moda y empresaria española. Se puede definir el estilo de Ágatha Ruiz de la Prada como un estilo muy propio y particular,

☐ Aparte de crear líneas de ropa, diseña otros artículos como zapatos, perfumes, relojes, ropa para el hogar, papelería y muebles decorados, medias, gafas, adornos para cocina…

Unidad 5 Igual que todos los días

Palabras

1 Escribe las horas que marcan estos relojes.

1. 
....

2. 
....

3. 
....

4. 
....

5. 
....

6. 
....

2 Ordena los días de la semana.

- ☐ martes
- ☐ domingo
- ☐ jueves
- ☐ lunes
- ☐ miércoles
- ☐ viernes
- ☐ sábado

3 Relaciona cada acción con su imagen correspondiente.

1. ☐ Ver la tele.
2. ☐ Levantarse.
3. ☐ Acostarse.
4. ☐ Trabajar.
5. ☐ Desayunar.
6. ☐ Ducharse.

A 

B 

C 

D 

E 

F 

4 Escucha a Pablo y decide si las frases son verdaderas o falsas.

[9]

1. Pablo normalmente trabaja por la mañana. .... V F
2. Pablo normalmente se acuesta a las 22:00 h. ...... V F
3. Pablo trabaja por la noche. .... V F
4. La novia de Pablo no trabaja. .... V F
5. Los hermanos de Pablo van al gimnasio cuando terminan de cenar. .... V F

5 Completa las frases con la opción adecuada.

1. Siempre pongo la .... del móvil cuando me acuesto.
   a. alarma   b. reloj   c. tele
2. Prefiero hacer la .... por la tarde.
   a. café   b. compra   c. deporte
3. Cuando me levanto por la mañana ....
   a. ceno   b. como   c. desayuno
4. Me lavo los .... por la mañana y por la noche.
   a. libros   b. música   c. dientes
5. Luisa hace .... por la mañana.
   a. deporte   b. cena   c. trabajo
6. Normalmente no trabajo los fines de ....
   a. día   b. meses   c. semana

6 Clasifica estas expresiones en la categoría adecuada.

desayuno | Hacer la compra. | Salir con amigos. | Coger el metro. | Dar un paseo. | comida
Ir a clase. | cena | Organizar un viaje. | merienda | Cenar fuera. | Hacer la cama.

Acciones cotidianas	Comidas del día	Actividades de tiempo libre

7 Marca el intruso.

1. a. ☐ Lavarse los dientes.
   b. ☐ Ducharse.
   c. ☐ Ir al cine.
   d. ☐ Acostarse.
2. a. ☐ Escuchar música.
   b. ☐ Terminar de trabajar.
   c. ☐ Leer una novela.
   d. ☐ Practicar deporte.
3. a. ☐ Salir de casa temprano.
   b. ☐ Ir a la oficina.
   c. ☐ Levantarse tarde.
   d. ☐ Poner la alarma.
4. a. ☐ Reservar un hotel.
   b. ☐ Ir a la playa.
   c. ☐ Visitar monumentos.
   d. ☐ Estudiar.
5. a. ☐ Ir de compras.
   b. ☐ Hacer los deberes.
   c. ☐ Hacer un examen.
   d. ☐ Corregir los ejercicios.
6. a. ☐ Ver la tele.
   b. ☐ Tener una reunión.
   c. ☐ Ir al gimnasio.
   d. ☐ Jugar a la videoconsola.

8 Ordena las palabras y forma frases con sentido.

1. El/de/tiendas/es/a/9:00/de/20:00 h./horario/las ....
2. los/comerciales/de/la/centros/abren/Los/todos/días/semana.
   ....
3. ¿Desayunas/casa/normalmente?/en ....
4. te/hora/qué/¿A/levantas? ....
5. prepara/la/tu/¿Quién/cena/casa?/en ....
6. horario/¿Qué/de/tienes?/trabajo ....

9 Relaciona las preguntas con las respuestas.

1. ¿Con qué frecuencia haces deporte?
2. ¿A qué hora te levantas de lunes a viernes?
3. ¿Usas el transporte público?
4. ¿A qué hora te levantas los fines de semana?
5. ¿Qué hora es?

a. Generalmente no.
b. Normalmente a las nueve o a las diez.
c. Son las siete.
d. Tres veces a la semana.
e. A las siete.

Gramática

10 [10] Escucha y relaciona con las imágenes.

1. ☐ 2. ☐ 3. ☐ 4. ☐

11 Escribe el verbo en presente de indicativo en la persona indicada.

1. empezar, ella › ....
2. salir, nosotros › ....
3. pedir, yo › ....
4. jugar, tú › ....
5. acostarse, nosotras › ....
6. hacer, yo › ....
7. dormir, vosotras › ....
8. querer, ellos › ....
9. poder, él › ....
10. volver, nosotros › ....

12 Escribe el infinitivo de estas formas irregulares y clasifícalas en su grupo correspondiente.

~~conduzco~~ | veo | quepo | vengo | salgo | pongo | caigo | tengo | traduzco | doy | ofrezco | oigo | traigo | conozco | valgo | nazco | estoy | digo

Verbos con irregularidad en la 1.ª persona			Verbos con doble irregularidad
c › zc	-go	Otros verbos	
conducir › conduzco			

13 Completa las frases con el pronombre reflexivo adecuado: *me, te, se, nos, os, se*.

1. Isaac y yo .... levantamos a las 7:00 h.
2. ¿A qué hora .... acuesta tu marido?
3. ¿Cuándo .... vistes? ¿Antes o después de desayunar?
4. Siempre .... lavo los dientes antes de acostarme.
5. Mis hermanos .... duchan en el baño de la segunda planta.
6. ¿Cómo .... apellidáis tu hermana y tú?

14 Elige la opción adecuada para cada verbo.

1. Salir...
   a. casa.
   b. de casa.
   c. a casa.
2. Hacer...
   a. una *pizza*.
   b. la escuela.
   c. el gimnasio.
3. Dar...
   a. la oficina.
   b. el parque.
   c. un paseo.
4. Contar...
   a. un cuento.
   b. una casa.
   c. una oficina.
5. Jugar...
   a. música.
   b. un partido.
   c. la guitarra.
6. Leer...
   a. el desayuno.
   b. una flor.
   c. un libro.
7. Preparar...
   a. la comida.
   b. fiesta.
   c. desayuno.
8. Tomar...
   a. una cama.
   b. un café.
   c. a la cafetería.

15 Señala la persona y el infinitivo de los siguientes verbos irregulares conjugados.

Verbo conjugado	Persona	Infinitivo	Verbo conjugado	Persona	Infinitivo
1. pedís	*vosotros/as*	*pedir*	9. os vestís		
2. sientes			10. elijo		
3. se divierten			11. prueban		
4. comenzamos			12. sirvo		
5. puede			13. vuelan		
6. entiendo			14. cierran		
7. mides			15. juegan		
8. cuenta			16. piensas		

16 Completa las frases con los verbos conjugados en presente de indicativo.

1. Mi hermano .... (jugar) en el equipo de baloncesto de la escuela.
2. Luis y José .... (dormir) en la habitación de la segunda planta.
3. .... (Preferir) trabajar con mis compañeros.
4. Marián y yo .... (corregir) exámenes oficiales.
5. Los niños .... (volver) a casa en autobús.
6. Nunca .... (cerrar) la puerta de mi habitación para dormir.
7. Ana, ¿.............................. (querer) tomar un café?
8. Mis compañeros y yo siempre .... (pedir) permiso para ir al baño.

17 Completa el texto con los verbos que tienes a continuación conjugándolos en presente de indicativo.

medir | dormir | querer | cerrar | vivir | poder | ser | jugar | tener | preferir | divertirse | vestir

Marta, Rosa y Nieves son hermanas. Las tres [1] .... juntas en la capital. Marta es la más alta, [2] .... 1.80 y [3] .... al baloncesto. Además, estudia varios idiomas porque [4] .... ser traductora. Rosa, que [5] .... la mayor, es diseñadora de moda; [6] .... sobre todo a mujeres porque [7] .... diseñar ropa femenina. Nieves, la pequeña, quiere estudiar Farmacia para tener algún día una de esas que nunca [8] ...., de las que están abiertas las 24 horas. A veces estudia por la noche y [9] .... por el día. Las tres hermanas [10] .... mucho los fines de semana. Salen juntas o con sus amigos a cenar, a tomar algo o a bailar. Cuando [11] .... tiempo, visitan a sus padres, que viven en otra ciudad, cerca del mar. Les gusta mucho ir, sobre todo en verano, porque [12] .... ir a la playa.

18 Marca las afirmaciones correctas con respecto a la imagen.

1. ☐ Trabajan en una oficina.
2. ☐ A veces trabajan por la mañana, a veces por la tarde y a veces por la noche.
3. ☐ Generalmente llevan una bata.
4. ☐ Normalmente no hablan con mucha gente.
5. ☐ Se lavan las manos muchas veces al día.
6. ☐ Normalmente no les gusta su trabajo.

19 Clasifica las expresiones en su categoría.

todas las noches | por la tarde | por la noche | primero | antes | todas las tardes | todos los días | después

Para expresar frecuencia	Para ordenar las acciones en el tiempo	Para referirse a una parte del día

20 Completa este texto con los verbos conjugados en presente de indicativo.

Hola, [1] .... (llamarse) Ana y [2] .... (tener) 35 años. [3] .... (Vivir) con mi marido, Alfredo, en Madrid y [4] .... (trabajar) como profesora en una escuela de idiomas. Mi horario no [5] .... (ser) muy regular y Alfredo tampoco [6] .... (tener) un horario estable porque es médico.

Normalmente [7] .... (trabajar, yo) por las mañanas; [8] .... (empezar) a las nueve y media, pero a veces también [9] .... (tener) clases por las tardes y [10] .... (terminar, yo) a las 10 de la noche. Cuando trabajo por las mañanas [11] .... (salir) de casa a las ocho, porque casi siempre [12] .... (ir) a la escuela a pie. Todos los profesores y estudiantes [13] .... (hacer) una pausa de 30 minutos a las doce del mediodía. Después, a las doce y media, todos [14] .... (volver) a clase hasta las dos. A veces como en la escuela, pero casi siempre [15] .... (llegar) a casa y [16] .... (hacer) la comida. Y una o dos veces a la semana [17] .... (llamar) por teléfono y [18] .... (pedir) una *pizza*. Alfredo nunca come en casa, pero siempre prepara la cena para los dos.

Todos los sábados por la mañana mi marido y yo [19] .... (ir) al supermercado para hacer la compra de la semana. El resto del finde [20] .... (hacer) deporte, [21] .... (pasear) y dos o tres veces al año [22] .... (organizar) un viaje.

21 Vuelve a leer el texto y di si las siguientes afirmaciones son verdaderas o falsas. Luego corrige las falsas.

1. Ana trabaja en un hospital. .... V F
2. Ana trabaja algunos días por la tarde. .... V F
3. Ana come en casa todos los días. .... V F
4. Ana hace un descanso de 12 a 12:30. .... V F
5. Ana normalmente va al trabajo en autobús. .... V F
6. Alfredo y Ana nunca hacen actividades juntos. .... V F
7. Alfredo cocina todas las noches. .... V F
8. Ana y Alfredo viajan varias veces al año. .... V F

....

....

....

....

22 ¿Qué haces en un día normal en tu vida? Escribe tu rutina diaria.

....

....

....

....

Cultura

23 **Indica si las siguientes afirmaciones son verdaderas o falsas y corrige las falsas.**

1. Una de las comidas más importante del día es la merienda. ...... V F
2. Los menores de 30 años normalmente comen y cenan viendo la televisión. ...... V F
3. Los estudiantes son los que menos desayunan. ...... V F
4. Los fines de semana muchos españoles aprovechan para comer tranquilamente en casa. ...... V F
5. De lunes a viernes los españoles quedan fuera de casa para comer con algún amigo. ...... V F
6. Los horarios de comidas en España son diferentes a los de otros países: todo se hace más tarde. ...... V F

....

....

....

....

24 **Lee esta entrada de blog y completa las frases con la opción correcta.**

Vivesano, Madrid, 22:10 pm

Los españoles, en general, tienen fama de comer bien, es verdad, pero comer bien no significa solamente comer buenos alimentos: también incluye otros hábitos como medir las cantidades y los horarios.

A los españoles les encanta celebrar todo con comida en abundancia, especialmente con cenas: en Navidad, en los cumpleaños, en los aniversarios…

Los españoles también son diferentes del resto de sus vecinos europeos porque casi todos los días cenan entre las nueve y las once de la noche. ¡Y eso que los doctores insisten en que no es recomendable cenar tan tarde! Además, cenar más tarde implica acostarse más tarde y dormir menos horas o acostarse con el estómago lleno de comida, pero…

Perdón, queridos lectores, me despido de vosotros porque llega mi mujer del gimnasio y… ¡trae una *pizza*! 😆

1. **Para Vivesano los españoles son diferentes a los otros europeos porque…**
   a. celebran todo con comida.
   b. cenan muy pronto.
   c. tienen unos hábitos alimenticios perfectos.
2. **Vivesano piensa que comer bien es…**
   a. tomar buena comida en grandes cantidades.
   b. tomar poca comida.
   c. tener buenos hábitos y comer buenos alimentos.
3. **Vivesano…**
   a. es crítico con los españoles, por eso cena temprano.
   b. es crítico con los españoles, pero tiene hábitos españoles.
   c. cree que el hábito de cenar tarde no es perjudicial.
4. **Vivesano escribe su artículo…**
   a. después de cenar.
   b. cuando está cenando.
   c. antes de cenar.

Apéndices

Gramática y comunicación

Unidad 1: Nos presentamos

Abecedario

Se escribe	Se llama	Palabra
A a	a	**A**lemania
B b	be	**B**élgica
C c	ce	**C**olombia
D d	de	**D**inamarca
E e	e	**E**cuador
F f	efe	**F**rancia
G g	ge	**G**recia
H h	hache	**H**olanda
I i	i	**I**talia
J j	jota	**J**apón
K k	ka	**K**enia
L l	ele	**L**etonia
M m	eme	**M**arruecos
N n	ene	**N**oruega

Se escribe	Se llama	Palabra
Ñ ñ	eñe	Espa**ñ**a
O o	o	**O**mán
P p	pe	**P**erú
Q q	cu	Tur**q**uía
R r	erre	**R**usia
S s	ese	**S**uecia
T t	te	**T**anzania
U u	u	**U**ruguay
V v	uve	**V**enezuela
W w	uve doble	Ku**w**ait
X x	equis	Lu**x**emburgo
Y y	i griega	**Y**emen
Z z	zeta	**Z**ambia

RAE

LÉXICO

Recuerda que en el español de América hay letras que tienen nombres diferentes:

- b › *be alta* o *be larga*.
- v › *ve, ve baja, ve corta* o *ve chica*.
- w › *ve doble, doble ve*. En México y en algunos países de Centroamérica, *doble u*.
- y › *ye*.

Fíjate:
La *ch* y la *ll* son **dígrafos**, es decir, dos letras que representan un sonido único: *chico, llave*.

Números cardinales

0	cero	11	once	22	veintidós	40	cuarenta
1	uno	12	doce	23	veintitrés	44	cuarenta y cuatro
2	dos	13	trece	24	veinticuatro	50	cincuenta
3	tres	14	catorce	25	veinticinco	60	sesenta
4	cuatro	15	quince	26	veintiséis	70	setenta
5	cinco	16	dieciséis	27	veintisiete	80	ochenta
6	seis	17	diecisiete	28	veintiocho	90	noventa
7	siete	18	dieciocho	29	veintinueve	100	cien
8	ocho	19	diecinueve	30	treinta	101	ciento uno
9	nueve	20	veinte	31	treinta y uno	102	ciento dos
10	diez	21	veintiuno	32	treinta y dos	111	ciento once

Fíjate:
Entre las decenas y las unidades se incluye la conjunción *y* a partir de *treinta*.

Género de los gentilicios y las profesiones

Masculino	Femenino	Masculino	Femenino
-o	*-a*	*-o*	*-a*
italian**o** argentin**o**	italian**a** argentin**a**	camarer**o** abogad**o**	camarer**a** abogad**a**
-consonante	-consonante + *a*	-consonante	-consonante + *a*
francés español alemán	frances**a** español**a** aleman**a**	profesor escritor conductor	profesor**a** escritor**a** conductor**a**

-a, -í, -ense, -iense	*-ista*
belg**a** iran**í** estadounid**ense** canad**iense**	tax**ista** recepcion**ista** futbol**ista**

Recuerda:
Los gentilicios son adjetivos que indican la nacionalidad o el origen de una persona o cosa.

Pronombres sujeto

	Singular	Plural
1.ª persona	**yo**	**nosotros, nosotras**
2.ª persona	**tú**	**vosotros, vosotras**
3.ª persona	**él, ella, usted**	**ellos, ellas, ustedes**

- La mayoría de las veces no se usa el pronombre de sujeto porque el verbo indica la persona:
  - ▶ *¿De qué trabaj**as**?* (tú)
  - ▷ *Trabaj**o** de enfermero.* (yo)
- Las formas ***usted*** y ***ustedes*** son formales y sirven para mostrar respeto (personas mayores, superiores, desconocidos…) o distancia afectiva. Concuerdan con el verbo en tercera persona del singular y el plural, respectivamente.
- En Hispanoamérica y en algunas zonas de España (Canarias y Andalucía occidental) los pronombres *vosotros/as* no se usan; en su lugar, se usa ***ustedes***:

  *Aprenden **ustedes** mucho más cuando estudian cada día.*
- En el Cono Sur (Argentina, Uruguay y Paraguay, principalmente) la forma para ***tú*** es ***vos***:

  *Quiero saber algo de **vos**.*
- En otras partes de Hispanoamérica (México, América Central, Caribe) se usan las formas: ***tú***, ***usted*** y ***vos***.

Verbos *trabajar* y *vivir*

Los verbos ***trabajar*** y ***vivir*** son regulares, fíjate en las terminaciones:

	Trabajar	Vivir
yo	**trabajo**	**vivo**
tú	**trabajas**	**vives**
él, ella, usted	**trabaja**	**vive**
nosotros/as	**trabajamos**	**vivimos**
vosotros/as	**trabajáis**	**vivís**
ellos, ellas, ustedes	**trabajan**	**viven**

Verbos *ser* y *tener*

Es importante conocer los verbos *ser* y *tener* porque se usan muy frecuentemente. Son irregulares:

	Ser	Tener
yo	**soy**	**tengo**
tú	**eres**	**ti**e**nes**
él, ella, usted	**es**	**ti**e**ne**
nosotros/as	**somos**	tenemos
vosotros/as	**sois**	tenéis
ellos, ellas, ustedes	**son**	**ti**e**nen**

Verbos pronominales

Algunos verbos muy habituales en español van acompañados de un pronombre reflexivo: *me*, *te*, *se*, *nos*, *os*, *se*, como, por ejemplo, el verbo *llamarse*:

	Llamarse
yo	**me** llamo
tú	**te** llamas
él, ella, usted	**se** llama
nosotros/as	**nos** llamamos
vosotros/as	**os** llamáis
ellos, ellas, ustedes	**se** llaman

Pronombres interrogativos: preguntar por información personal

- ¿*Cómo* + verbo?
  - ¿*Cómo te llamas/se llama?*
- ¿*Dónde* + verbo?
  - ¿*Dónde vives/vive?*
- ¿*De dónde* + verbo?
  - ¿*De dónde eres/es?*
- ¿*De qué* + nombre + verbo?
  - ¿*De qué ciudad eres/es?*
- ¿*Cuánto/a/os/as* + nombre + verbo?
  - ¿*Cuántos años tienes/tiene?*
- ¿*Cuál/es es/son* + nombre?
  - ¿*Cuál es tu/su profesión?*
  - ¿*Cuáles son tus/sus apellidos?*
- ¿*A qué* + *dedicarse*?
  - ▶ ¿*A qué te dedicas/se dedica?*
  - ▷ *Soy estudiante de Económicas.*

Presentarse y dar información personal

- *Me llamo* + nombre
- *Tengo* + edad
- *Soy* + profesión
- *Soy* + nacionalidad/*Soy de* + país/ciudad
- *Vivo en* + ciudad/país
- *Trabajo/Estudio en* + lugar de trabajo o estudios

Presentar a otros y dar información personal sobre ellos

- *Mira/Mire, este/esta es* + nombre
- *Mira/Mire, estos/estas son* + nombres
- *Te/Le presento a* + nombre
- *Tiene* + edad
- *Es* + profesión
- *Es* + nacionalidad/*Es de* + país/ciudad
- *Vive en* + ciudad/país
- *Trabaja/Estudia en* + lugar de trabajo o estudios

Responder a la presentación

- ¡Hola!
- Encantado/Encantada (de conocerte/lo/la).
- Mucho gusto.

Saludos

Informal

- ¡Hola, ¿qué tal (estás)?
- ¿Cómo estás?
- Y tú, ¿qué tal?

Formal

- Buenos días,/Buenas tardes,/Buenas noches, ¿qué tal está usted?
- ¿Cómo está usted?

Despedidas

- Adiós.
- Adiós, + buenos días/buenas tardes/buenas noches.
- Hasta mañana/luego/pronto.
- *Hasta* + *el* + día de la semana

Pedir aclaraciones

- ¿Puedes repetir, por favor?
- Más despacio, por favor.
- ¿Cómo se dice en español "@"?
- ¿Qué significa "Pza."?

Abreviaturas y signos

- **C/** › calle
- **Av./Avd./Avda.** › avenida
- **Pl./Plza./Pza.** › plaza
- **Tfno./Tel./Teléf.** › teléfono
- **Móv.** › móvil
- **Cel.** › celular
- **@** › arroba
- **www** › uve doble, uve doble, uve doble; doble u, doble u, doble u; tres uves dobles; triple uve doble; triple doble u.
- **.** › punto
- **-** › guion, guion medio
- **_** › guion bajo, barra baja
- **/** › barra

Unidad 2: Mi casa, mi barrio

Género de los nombres

- Son de género **masculino**:
  - Los nombres terminados en *-o*:
    piso, libro, teléfono...
  - Los nombres terminados en *-aje*:
    viaje, traje, garaje...
- Son de género **femenino**:
  - Los nombres terminados en *-a*:
    casa, planta, mesa...
  - Los nombres terminados en *-ción*, *-sión* y *-dad*:
    habitación, ocasión, verdad

Recuerda:
Hay algunas excepciones a esta norma: *la mano, la foto, la radio, el problema, el día...*

- Los nombres referidos a **personas** y **animales** suelen tener los dos géneros:
  niño/niña, chico/chica, profesor/profesora, perro/perra, gato/gata...
- Hay nombres que usan **palabras diferentes** para el masculino y el femenino:
  hombre/mujer, padre/madre, actor/actriz, caballo/yegua, toro/vaca...
- Los nombres que se refieren a **cosas** tienen solo **un género**:
  el baño, la cama, el libro, la mesa...
- Los nombres que terminan en **consonante** o en *-e* pueden ser masculinos o femeninos:
  el restaurante, el coche, la fuente, la calle, el lápiz, la pared...

Recuerda:
Para conocer el género de los nombres puedes consultar el diccionario.

Número de los nombres

Para formar el plural de los nombres se añade *-s* si el nombre termina en vocal y *-es* si el nombre termina en consonante:

piso › *pisos*, *casa* › *casas*, *ciudad* › *ciudades*, *televisión* › *televisiones...*

Fíjate:
Las palabras que terminan en *-z* hacen el plural en *-ces*:
lapiz › *lápices*, *actriz* › *actrices...*

Concordancia entre nombre y adjetivo

- Los adjetivos **concuerdan** en **género** y **número** con los nombres a los que acompañan:

  libro blanco, casa bonita, barrios céntricos, ventanas abiertas...
- Los adjetivos que terminan en ***-o*** tienen variación de género y número:

  bonito/bonita/bonitos/bonitas; rojo/roja/rojos/rojas...
- Los adjetivos que terminan en ***-e*** o en **consonante** no varían en cuanto al género, pero sí en cuanto al número:

  apartamento grande ↔ cocina grande *apartamentos grandes ↔ cocinas grandes*

Artículo indeterminado y artículo determinado. Artículos contractos

- En español hay dos artículos:

	Indeterminado		Determinado	
	Masculino	**Femenino**	**Masculino**	**Femenino**
Singular	**un** restaurante	**una** cafetería	**el** restaurante	**la** cafetería
Plural	**unos** restaurantes	**unas** cafeterías	**los** restaurantes	**las** cafeterías

– Sirve para hablar **por primera vez** de un nombre que es desconocido por nuestro interlocutor:

*Tengo **un** apartamento en Ibiza.*

– Sirve para hablar de un nombre **ya conocido** por el interlocutor:

***El** apartamento tiene dos dormitorios.*

- El artículo determinado ***el*** junto a las preposiciones ***a*** y ***de*** se contrae:

  a + el › ***al*** *de + el* › ***del***

Fíjate:
Las contracciones ***al*** y ***del*** son las únicas que existen en español.

Verbo *estar*

- El verbo ***estar*** es un verbo irregular en algunas personas:

	Estar
yo	**estoy**
tú	**estás**
él, ella, usted	**está**
nosotros/as	estamos
vosotros/as	estáis
ellos, ellas, ustedes	**están**

- Se utiliza para **localizar** objetos y personas en el espacio y se combina con la preposición ***en*** y otras expresiones de lugar:

  *Mi hermano **está en** casa.*

  *El libro **está encima de** la mesa.*

Contraste *hay/está(n)*

- Para hablar de la **existencia** de algo o de alguien y de su cantidad, se usa la estructura ***hay*** + (*un/una/unos/unas*) + nombre. ***Hay*** tiene una sola forma para singular y plural:

  *En mi barrio **hay un restaurante**, **una peluquería**, **tres escuelas**, **cafeterías**, y **árboles** y **plantas** por todas partes.*
- También se usa para hablar de una **cantidad indeterminada**: *Hay* + *mucho/a/os/as - poco/a/os/as* + nombre:

  *En mi barrio hay **muchos restaurantes** pero **pocas farmacias**.*
- Para **localizar** algo o a alguien, se usa: *el/la/los/las* + nombre + ***está(n)***:

  ***Los niños están** en la escuela.*

Expresiones de lugar

- Para **localizar** algo o a alguien en el espacio se usa el verbo ***estar*** y las expresiones de lugar. Estas son las más comunes:

encima de · debajo de · al lado de · dentro de · a la izquierda de · entre · a la derecha de · delante de · detrás de

- La preposición ***en*** puede sustituir a ***encima de*** y ***dentro de***:

*El libro está **en/encima de** la mesa.* *Los platos están **en el/dentro del** armario.*

Cuantificadores

- Usamos ***mucho/a, poco/a*** + nombre para expresar la cantidad de un concepto incontable:

*En esta calle hay **mucho ruido**, en las iglesias antiguas hay **poca luz**.*

- Usamos ***muchos/as, pocos/as*** + nombre para expresar una cantidad indeterminada de conceptos contables:

*En esta ciudad hay **muchas casas** y **pocos parques**.*

Números desde 100

100 **cien**
101 **ciento** un(o)/una
102 ciento dos
115 ciento quince
168 ciento sesenta y ocho
200 **doscientos/as**
300 **tres**cientos/as
400 **cuatro**cientos/as
500 **quinientos/as**
600 **seis**cientos/as
700 **setecientos/as**
793 **setecientos/as noventa y tres**
800 **ocho**cientos/as
900 **novecientos/as**
1000 **mil**
1001 mil un(o)/a
1439 mil cuatrocientos/as treinta y nueve

> Fíjate:
> - ***Un/a*** y las centenas cambian de género según el nombre al que acompañan o se refieren:
>   *ciento **un** euros/ciento **una** personas* *doscient**os** euros/doscient**as** personas*
> - Entre las centenas y las decenas no se incluye *y*.

Números ordinales

Para indicar el orden de los elementos, se usan los **números ordinales**. Los números ordinales tienen el mismo género y número del nombre al que acompañan o al que se refieren:

- 1.º (er)/a/os/as › **primero** (primer)/a/os/as
- 2.º/ª/os/as › **segundo**/a/os/as
- 3.º (er)/ª/os/as › **tercero** (tercer)/a/os/as
- 4.º/ª/os/as › **cuarto**/a/os/as
- 5.º/ª/os/as › **quinto**/a/os/as
- 6.º/ª/os/as › **sexto**/a/os/as
- 7.º/ª/os/as › **séptimo**/a/os/as
- 8.º/ª/os/as › **octavo**/a/os/as
- 9.º/ª/os/as › **noveno**/a/os/as
- 10.º/ª/os/as › **décimo**/a/os/as

> Fíjate:
> piso **primero** › **primer** piso
> piso **tercero** › **tercer** piso

*Vivo en la **décima** planta de este edificio.* *Somos los **terceros** de la clase.*

Unidad 3: Vamos de viaje

Ir y *viajar*

El verbo *ir* es irregular. El verbo *viajar* es regular, fíjate en sus terminaciones:

	Ir	Viajar
yo	**voy**	viajo
tú	**vas**	viajas
él, ella, usted	**va**	viaja
nosotros/as	**vamos**	viajamos
vosotros/as	**vais**	viajáis
ellos, ellas, ustedes	**van**	viajan

Preposiciones *a* y *en*

La preposición ***a*** sirve para:

- Expresar la **dirección** y el **destino**:

  *Esta noche voy **a** un restaurante.*

  Recuerda: *a* + *el* › ***al***:

  *Voy **al** cine.*

- Expresar la **distancia** o el **tiempo**:

  *El colegio está **a dos calles** de aquí.*

  *Estamos **a tres minutos** en coche.*

La preposición ***en*** sirve para:

- **Localizar** personas, lugares u objetos:

  ***Tu casa está en** el centro de la ciudad.*

- Hablar del **medio de transporte**:

  *Vamos **en tren**.*

Fíjate en estas excepciones:
*ir **a** pie - ir **andando** - ir **a** caballo*

Verbos *poder, querer* y *preferir*: expresar posibilidad, deseos y preferencia

- Los verbos *poder, querer* y *preferir* son irregulares en presente de indicativo. Fíjate en sus formas:

	Poder	Preferir	Querer
yo	**puedo**	prefiero	quiero
tú	**puedes**	prefieres	quieres
él, ella, usted	**puede**	prefiere	quiere
nosotros/as	**podemos**	preferimos	queremos
vosotros/as	**podéis**	preferís	queréis
ellos, ellas, ustedes	**pueden**	prefieren	quieren

- ***Poder*** + infinitivo expresa **posibilidad**:

  *En la playa **puedes tomar** el sol.*

- ***Preferir*** + nombre/infinitivo expresa **preferencia**:

  ***Prefiero el autobús/ir** en autobús porque es más barato.*

- ***Querer*** + nombre/infinitivo expresa **deseos**:

  *Los niños **quieren un helado**.*

  *Marta **quiere visitar** museos.*

Hay, ser y *estar*

- ***Hay*** se usa para hablar de la **existencia** o **inexistencia** de algo:

  *Cerca del museo **hay** un parque.* *En el hotel no **hay** restaurante.*

- ***Ser*** + adjetivo se usa para **describir** objetos, lugares y personas:

  *La mesa **es** grande.* *Barcelona **es** cosmopolita.* *Amelia **es** simpática.*

- ***Estar*** se usa para **localizar** objetos, lugares y personas en el espacio:

  *El bolígrafo **está** en la mesa.* *La estación **está** cerca del hotel.* *¿Dónde **están** tus padres?*

Valorar

Cuando valoramos el aspecto **más positivo** o **más negativo** de algo o alguien, se usa *lo mejor* y *lo peor*:

Lo mejor de este hotel es la atención y lo peor es que no hay restaurante.

Expresar causa

¿Por qué...? se usa para **preguntar** por la causa y *porque* para **responder**:

▶ *¿Por qué te vas?*

▷ *Porque tengo clase.*

Pedir y dar información

- Para **pedir información** puedes usar:
  - Perdón, ¿cómo puedo/podemos ir a...?
  - Por favor, ¿dónde está/están...?

  Perdón, ¿cómo podemos ir a plaza Central?

- Para **hacer aclaraciones más precisas** puedes usar:
  - (Mira/Mire),
    gira/gire a la derecha/izquierda... en...
    cruza/cruce la calle...
    sigue/siga todo recto por esta/la calle... hasta...
  - Allí/Allá está/están...

  ▶ *Por favor, ¿dónde está la oficina de información?*

  ▷ *Mira, sigue todo recto hasta la segunda calle, gira a la derecha y cruza la calle. Allí está la oficina de información.*

- Para **dar información** puedes usar:
  - *Puede(s)/Pueden* + *tomar/coger/ir en* + medio de transporte

  Pueden coger el metro o ir en el autobús.

Fíjate:
- Las formas *mira, gira, cruza* y *sigue* son informales, se usan con *tú*. *Mire, gire, cruce* y *siga* son formales, se usan con *usted*.
- En español, para hablar de la cercanía o lejanía, se utilizan los adverbios:
  - **aquí** (más cerca del hablante)
  - **ahí** (distancia intermedia)
  - **allí** (más lejos del hablante)
- En Hispanoamérica se prefieren las formas *acá* y *allá* en lugar de *aquí* y *allí*.

Preguntar y decir el precio de algo

Para preguntar y decir el **precio** de algo se usa el verbo *costar*, que es irregular:

▶ *¿Cuánto cuesta la excursión?*

▷ *Cuesta 20 euros.*

Unidad 4: En familia

Presente de indicativo regular: verbos terminados en *-ar, -er, -ir*

- En español existen **tres conjugaciones**, es decir, todos los infinitivos acaban en: *-ar, -er* o *-ir*. Cada una tiene sus propias terminaciones:

	Hablar	Aprender	Escribir
yo	habl**o**	aprend**o**	escrib**o**
tú	habl**as**	aprend**es**	escrib**es**
él, ella, usted	habl**a**	aprend**e**	escrib**e**
nosotros/as	habl**amos**	aprend**emos**	escrib**imos**
vosotros/as	habl**áis**	aprend**éis**	escrib**ís**
ellos, ellas, ustedes	habl**an**	aprend**en**	escrib**en**

- El presente se usa para expresar **acciones habituales** (con **expresiones de frecuencia** como: *normalmente, todos los días, con mucha frecuencia, a veces, los domingos...*) o **acciones** que se realizan en el **presente**:

*Todos los días **me levanto** a las 7 h para ir a trabajar.*
*A veces **voy** al cine los domingos.*
***Vivo** en Madrid.*

Hablar de acciones que están en proceso

- Para hablar de acciones que **se están desarrollando** en este momento se usa la estructura *estar* + gerundio:

estoy		
estás		cocin**ando**
está	+	aprend**iendo**
estamos		escrib**iendo**
estáis		
están		

- Para formar el gerundio se sustituye la terminación del verbo por estas terminaciones:
  – verbos en *-ar* › *-ando*
  – verbos en *-er, -ir* › *-iendo*

En este momento ***estoy estudiando****, hablamos mañana.*

Fíjate:
- dormir › d**u**rmiendo
- leer › le**y**endo
- pedir › p**i**diendo
- vestir › v**i**stiendo
- ir › **y**endo
- morir › m**u**riendo
- decir › d**i**ciendo
- oír › o**y**endo
- sentir › s**i**ntiendo

Adjetivos y pronombres demostrativos

Los demostrativos sirven para indicar **la distancia** entre los interlocutores y el objeto o persona a los que se refieren. Pueden utilizarse como adjetivos (si acompañan al nombre) o como pronombres (si van solos):

	Masc. singular	Fem. singular	Masc. plural	Fem. plural	
Aquí	este	esta	estos	estas	
Ahí	ese	esa	esos	esas	(+ nombre)
Allí	aquel	aquella	aquellos	aquellas	

Esta casa *es muy grande.* (Cerca de los interlocutores, aquí).
Esos vestidos *son caros.* (A media distancia de los interlocutores, ahí).
Aquel profesor *es simpático.* (Lejos de los interlocutores, allí).

Fíjate:
Es frecuente utilizar las manos para señalar el objeto del que estamos hablando, reforzando así la idea de cercanía o lejanía.

Adjetivos posesivos

- Los posesivos indican de **quién** es un objeto o la relación de **parentesco** entre las personas:

	Singular	Plural	
Un poseedor	mi tu su	mis tus sus	(yo) (tú) (él, ella, usted)
Varios poseedores	nuestro/a vuestro/a su	nuestros/as vuestros/as sus	(nosotros/as) (vosotros/as) (ellos, ellas, ustedes)

- El posesivo concuerda en género y número con la persona o cosa poseída:

  Ellos son ***mis hermanos*** *Antonio y Miguel.*
  Nuestra familia *es muy numerosa.*

- El posesivo *su* puede referirse a uno o a varios poseedores:

  Su madre *es muy amable.* (Puede ser la madre de él, de ella, de ellos, de ellas, de usted o de ustedes)

Expresar frecuencia

– (casi) nunca • a veces • con frecuencia • a menudo • normalmente • siempre → +

Describir el físico y el carácter

- Para describir el **físico** puedes usar:

Ser	Tener		Tener/Llevar
– alto-a/bajo-a – gordo-a/delgado-a – guapo-a/feo-a – rubio-a/moreno-a – pelirrojo-a	– los ojos negros, verdes, azules, marrones... oscuros/claros	– el pelo rubio, moreno, castaño, negro, blanco... corto/largo liso/rizado	– barba – bigote

- Para describir el **carácter** puedes usar:

Ser			Tener
– alegre – simpático/a – antipático/a	– serio/a – sociable – tímido/a	– trabajador/a – inteligente – torpe	– buen/mal carácter

Cuando describimos un aspecto físico o del carácter un poco negativo, lo podemos suavizar con ***un poco*** o con las terminaciones ***-ito/a/os/as***:

*Alejandro es **un poco serio**, pero muy buena persona.* *Mi hermano pequeño es muy guapo pero es **bajito**.*

- Para describir **la ropa y los complementos** se usa el verbo ***llevar***:

Lleva unos vaqueros, una camisa blanca y gafas de sol.

Hablar de relaciones personales

Para describir el tipo de relación que tienes con otras personas puedes usar estas estructuras:

- Tener (muy) buena/mala relación con...
- Tener mucha/(muy) poca relación con...

*Tengo **muy buena relación** con mis abuelos, pero **poca relación** con mis tíos porque viven en otro país.*

Unidad 5: Igual que todos los días

Presente de indicativo: verbos irregulares

	e › ie Cerrar	Otros verbos	o › ue Dormir	Otros verbos	e › i Pedir	Otros verbos	u › ue Jugar
yo	cierro	empezar	duermo	recordar	pido	reírse	juego
tú	cierras	comenzar	duermes	poder	pides	repetir	juegas
él, ella, usted	cierra	merendar	duerme	volver	pide	vestirse	juega
nosotros/as	cerramos	querer	dormimos	contar	pedimos	medir	jugamos
vosotros/as	cerráis	preferir	dormís	costar	pedís	elegir	jugáis
ellos, ellas, ustedes	cierran	despertarse	duermen	acostarse	piden	corregir	juegan

Algunos verbos tienen un cambio ortográfico para conservar el sonido original del infinitivo. Este cambio no se considera una irregularidad: co**g**er › co**j**o; conven**c**er › conven**z**o; se**gu**ir › si**g**o...

RAE

GRAMÁTICA

- Recuerda que la forma vos se usa principalmente en Argentina, Uruguay y Paraguay.
- El presente de la forma *vos* es regular: *vos* pensás, sabés, tenés, dormís, jugás, pedís, hacés, decís...:

*Vos **pensás** así porque no **tenés** hijos...*

Verbos que tienen la primera persona *(yo)* irregular

	Hacer	Saber	Salir	Poner	Dar	Ver	Conocer
yo	**hago**	**sé**	**salgo**	**pongo**	**doy**	**veo**	**conozco**
tú	haces	sabes	sales	pones	das	ves	conoces
él, ella, usted	hace	sabe	sale	pone	da	ve	conoce
nosotros/as	hacemos	sabemos	salimos	ponemos	damos	vemos	conocemos
vosotros/as	hacéis	sabéis	salís	ponéis	dais	veis	conocéis
ellos, ellas, ustedes	hacen	saben	salen	ponen	dan	ven	conocen

Verbos con doble irregularidad: *tener* y *venir*

- Algunos verbos tienen una doble irregularidad como *tener* y *venir*: la primera persona irregular y el cambio vocálico *e › ie*:

	Tener	Venir
yo	**tengo**	**vengo**
tú	t**ie**nes	v**ie**nes
él, ella, usted	t**ie**ne	v**ie**ne
nosotros/as	tenemos	venimos
vosotros/as	tenéis	venís
ellos, ellas, ustedes	t**ie**nen	v**ie**nen

Verbos con irregularidad propia

- Los verbos *ser, estar* e *ir* tienen una irregularidad propia:

	Ser	Estar	Ir
yo	**soy**	**estoy**	**voy**
tú	**eres**	**estás**	**vas**
él, ella, usted	**es**	**está**	**va**
nosotros/as	**somos**	estamos	**vamos**
vosotros/as	**sois**	estáis	**vais**
ellos, ellas, ustedes	**son**	**están**	**van**

Verbos reflexivos

- Se forman añadiendo los pronombres *me, te, se, nos, os* y *se*:

	Levantarse	Otros verbos
yo	**me** levanto	duchar**se**
tú	**te** levantas	despertar**se**
él, ella, usted	**se** levanta	llamar**se**
nosotros/as	**nos** levantamos	apellidar**se**
vosotros/as	**os** levantáis	vestir**se**
ellos, ellas, ustedes	**se** levantan	lavar**se**

- Los verbos reflexivos expresan que la **acción** se hace **sobre el propio sujeto**. Muchos de los verbos que expresan acciones cotidianas son reflexivos: *lavarse, ducharse, levantarse, acostarse...*:

  Me ducho *todos los días a las ocho de la mañana.*

  Te acuestas muy tarde y por eso tienes sueño.

Hablar de la frecuencia

- *los* + día de la semana

  Los lunes *voy al gimnasio por la tarde.*

- Estos son los días de la semana. No cambian en plural, excepto ***el sábado › los sábados*** y ***el domingo › los domingos***:

  el **lunes** – los **lunes**
  el **martes** – los **martes**
  el **miércoles** – los **miércoles**
  el **jueves** – los **jueves**
  el **viernes** – los **viernes**
  el **sábado** – los **sábados**
  el **domingo** – los **domingos**

- Para hablar del sábado y el domingo también puedes usar *el fin/los fines de semana.*

- (casi) todos los días/meses /años/fines de semana
  Organizamos dos o tres viajes ***casi todos los años.***
- (casi) todas las mañanas/tardes/noches/semanas
  Casi todas las mañanas *voy a la escuela en autobús.*
- una vez/n.º veces al día/a la semana/al mes/al año
  Hago yoga ***tres veces a la semana.***
- normalmente/a veces
  Normalmente *desayuno en casa.*
  A veces *cenamos fuera.*
- (casi) siempre/nunca
  Casi siempre *estudio por la tarde.*
  Nunca *tomo café.*

> Estas expresiones pueden aparecer en diferentes posiciones dentro de la frase:
> ***No*** *tomo café* ***nunca.*** ‹› ***Nunca*** *tomo café.*
> ***Normalmente*** *desayuno en casa.* ‹› *Desayuno en casa* ***normalmente.***

Hablar de las partes del día y relacionar acciones en el tiempo

- En el español de España se prefiere la preposición ***por*** para hablar de las **partes del día**. En cambio, en el español de América se prefiere la preposición ***en***:
  Por la mañana *voy a clase.* *Te veo mañana* ***en la mañana.***
- Para **ordenar** las acciones en el tiempo se usa:
  – primero – luego/después – por último/finalmente
  Primero *desayuno,* ***luego*** *me ducho,* ***después*** *me visto y* ***por último*** *me lavo los dientes.*
- Para hablar de acciones **posteriores** a otras puedes usar ***después de*** + infinitivo/nombre:
  Después de ducharme/la ducha *me visto.*
- Para hablar de acciones **anteriores** a otras puedes usar ***antes de*** + infinitivo/nombre:
  Todos los días corro por el parque ***antes de cenar/la cena.***

> Fíjate:
> Aunque el **mediodía** marca una hora concreta del día (las 12:00), en España y en la mayoría de países de Hispanoamérica es un periodo de tiempo que incluye la hora de la comida (entre las 12:00 y las 15:00 h).

Hablar de la hora, la fecha y los horarios

- Para preguntar la hora se usa:
  ¿Qué hora es? ***¿Qué hora tienes?***
- Y para decir la hora:
  Es la una y *cinco (minutos).*
  Son las dos*/tres/cuatro...* ***menos*** *tres (minutos).*
  Son las tres ***y cuarto/media, menos cuarto.***
- Para hablar de **fechas** se usa ***el*** + día + ***de*** + mes:
  Mi cumpleaños es ***el 20 de febrero.***
- Para **preguntar por los horarios** puedes usar:
  – ¿Cuál es el horario de...? – ¿A qué hora abre/cierra...?
  – ¿Qué días abre/cierra...?
- Para **hablar de los horarios** puedes usar:
  – **a las** + hora
  El museo cierra ***a las*** *siete de la tarde.*
  – **de/desde las** + hora **a/hasta las** + hora
  El horario de las tiendas normalmente es ***de/desde las*** *09:00 o 10:00* ***a/hasta las*** *20:00.*
  – ... **hasta las** + hora
  En Ciudad de México algunos bancos abren ***hasta las*** *siete de la tarde.*
  – **entre las** + hora **y las** + hora
  Los bancos atienden al público de lunes a viernes, ***entre las*** *09:00* ***y las*** *16:00.*
- En contextos formales se usa el formato 24 horas para expresar la hora:
  El tren sale a las 17:30. (El tren sale a las diecisiete treinta horas).

> Recuerda:
> Los meses del año son: **enero, febrero, marzo, abril, mayo, junio, julio, agosto, septiembre, octubre, noviembre y diciembre.**

Tabla de verbos

Presente de indicativo

Verbos regulares

1.ª conjugación -AR CANTAR	2.ª conjugación -ER COMER	3.ª conjugación -IR VIVIR
canto	como	vivo
cantas	comes	vives
canta	come	vive
cantamos	comemos	vivimos
cantáis	coméis	vivís
cantan	comen	viven

Verbos reflexivos regulares

Bañarse	Ducharse	Lavarse	Levantarse	Peinarse
me baño	**me** ducho	**me** lavo	**me** levanto	**me** peino
te bañas	**te** duchas	**te** lavas	**te** levantas	**te** peinas
se baña	**se** ducha	**se** lava	**se** levanta	**se** peina
nos bañamos	**nos** duchamos	**nos** lavamos	**nos** levantamos	**nos** peinamos
os bañáis	**os** ducháis	**os** laváis	**os** levantáis	**os** peináis
se bañan	**se** duchan	**se** lavan	**se** levantan	**se** peinan

Verbos irregulares

Verbos con irregularidad vocálica

- **E > IE**

Cerrar	Comenzar	Despertarse	Divertirse	Empezar
c**ie**rro	com**ie**nzo	me desp**ie**rto	me div**ie**rto	emp**ie**zo
c**ie**rras	com**ie**nzas	te desp**ie**rtas	te div**ie**rtes	emp**ie**zas
c**ie**rra	com**ie**nza	se desp**ie**rta	se div**ie**rte	emp**ie**za
cerramos	comenzamos	nos despertamos	nos divertimos	empezamos
cerráis	comenzáis	os despertáis	os divertís	empezáis
c**ie**rran	com**ie**nzan	se desp**ie**rtan	se div**ie**rten	emp**ie**zan

Entender	Merendar	Pensar	Perder	Querer
ent**ie**ndo	mer**ie**ndo	p**ie**nso	p**ie**rdo	qu**ie**ro
ent**ie**ndes	mer**ie**ndas	p**ie**nsas	p**ie**rdes	qu**ie**res
ent**ie**nde	mer**ie**nda	p**ie**nsa	p**ie**rde	qu**ie**re
entendemos	merendamos	pensamos	perdemos	queremos
entendéis	merendáis	pensáis	perdéis	queréis
ent**ie**nden	mer**ie**ndan	p**ie**nsan	p**ie**rden	qu**ie**ren

• O › UE

Acordarse	Acostarse	Almorzar	Contar	Dormir	Encontrar
me acuerdo	me acuesto	almuerzo	cuento	duermo	encuentro
te acuerdas	te acuestas	almuerzas	cuentas	duermes	encuentras
se acuerda	se acuesta	almuerza	cuenta	duerme	encuentra
nos acordamos	nos acostamos	almorzamos	contamos	dormimos	encontramos
os acordáis	os acostáis	almorzáis	contáis	dormís	encontráis
se acuerdan	se acuestan	almuerzan	cuentan	duermen	encuentran

Poder	Recordar	Resolver	Soler	Soñar	Volver
puedo	recuerdo	resuelvo	suelo	sueño	vuelvo
puedes	recuerdas	resuelves	sueles	sueñas	vuelves
puede	recuerda	resuelve	suele	sueña	vuelve
podemos	recordamos	resolvemos	solemos	soñamos	volvemos
podéis	recordáis	resolvéis	soléis	soñáis	volvéis
pueden	recuerdan	resuelven	suelen	sueñan	vuelven

• E › I

Elegir	Pedir	Reírse	Repetir	Servir	Vestirse
elijo	pido	me río	repito	sirvo	me visto
eliges	pides	te ríes	repites	sirves	te vistes
elige	pide	se ríe	repite	sirve	se viste
elegimos	pedimos	nos reímos	repetimos	servimos	nos vestimos
elegís	pedís	os reís	repetís	servís	os vestís
eligen	piden	se ríen	repiten	sirven	se visten

• U › UE / • I › Y

Jugar	Concluir	Construir	Contribuir	Destruir	Huir
juego	concluyo	construyo	contribuyo	destruyo	huyo
juegas	concluyes	construyes	contribuyes	destruyes	huyes
juega	concluye	construye	contribuye	destruye	huye
jugamos	concluimos	construimos	contribuimos	destruimos	huimos
jugáis	concluís	construís	contribuís	destruís	huis
juegan	concluyen	construyen	contribuyen	destruyen	huyen

Verbos irregulares en la primera persona

- **Verbos en -ZC-**

Conducir	Conocer	Producir	Traducir	Obedecer
condu**zc**o	cono**zc**o	produ**zc**o	tradu**zc**o	obede**zc**o
conduces	conoces	produces	traduces	obedeces
conduce	conoce	produce	traduce	obedece
conducimos	conocemos	producimos	traducimos	obedecemos
conducís	conocéis	producís	traducís	obedecéis
conducen	conocen	producen	traducen	obedecen

Otros irregulares en primera persona

Caer	Hacer	Poner	Salir	Traer	Valer
caigo	**hago**	**pongo**	**salgo**	**traigo**	**valgo**
caes	haces	pones	sales	traes	vales
cae	hace	pone	sale	trae	vale
caemos	hacemos	ponemos	salimos	traemos	valemos
caéis	hacéis	ponéis	salís	traéis	valéis
caen	hacen	ponen	salen	traen	valen

Dar	Saber	Ver
doy	**sé**	**veo**
das	sabes	ves
da	sabe	ve
damos	sabemos	vemos
dais	sabéis	veis
dan	saben	ven

Verbos con dos irregularidades

Decir	Oír	Oler	Tener	Venir
digo	**oigo**	**hue**lo	**tengo**	**vengo**
d**i**ces	o**y**es	**hue**les	t**ie**nes	v**ie**nes
d**i**ce	o**y**e	**hue**le	t**ie**ne	v**ie**ne
decimos	oímos	olemos	tenemos	venimos
decís	oís	oléis	tenéis	venís
d**i**cen	o**y**en	**hue**len	t**ie**nen	v**ie**nen

Verbos con irregularidades propias

Haber	Ir	Estar	Ser
he	**voy**	**estoy**	**soy**
has	**vas**	**estás**	**eres**
ha	**va**	**está**	**es**
hemos	**vamos**	estamos	**somos**
habéis	**vais**	estáis	**sois**
han	**van**	**están**	**son**

Recuerda:
- El verbo ***haber*** solo se usa para formar los tiempos compuestos de los verbos.
- Cuando funciona como verbo impersonal, tiene una forma especial en presente, ***hay***:

  Hay un árbol en la esquina.

  Hay árboles en el parque.
- El verbo ***estar*** cambia la sílaba tónica habitual del presente de indicativo en todas las personas excepto en *nosotros/as* y *vosotros/as* (por eso algunas formas llevan tilde).

Verbos que se construyen como *gustar*

Doler	Encantar	Molestar	Parecer
me **due**le/**due**len	me encanta/encantan	me molesta/molestan	me parece/parecen
te **due**le/**due**len	te encanta/encantan	te molesta/molestan	te parece/parecen
le **due**le/**due**len	le encanta/encantan	le molesta/molestan	le parece/parecen
nos **due**le/**due**len	nos encanta/encantan	nos molesta/molestan	nos parece/parecen
os **due**le/**due**len	os encanta/encantan	os molesta/molestan	os parece/parecen
les **due**le/**due**len	les encanta/encantan	les molesta/molestan	les parece/parecen

Imperativo afirmativo

Verbos regulares

	1.ª conjugación -AR CANTAR	2.ª conjugación -ER COMER	3.ª conjugación -IR VIVIR
tú	cant**a**	com**e**	viv**e**
usted	cant**e**	com**a**	viv**a**
vosotros/as	cant**ad**	com**ed**	viv**id**
ustedes	cant**en**	com**an**	viv**an**

Verbos irregulares

Irregularidades vocálicas

- **E > IE**

Cerrar	Empezar	Pensar
c**ie**rra	emp**ie**za	p**ie**nsa
c**ie**rre	emp**ie**ce	p**ie**nse
cerrad	empezad	pensad
c**ie**rren	emp**ie**cen	p**ie**nsen

- **O > UE**

Contar	Dormir	Volver
c**ue**nta	d**ue**rme	v**ue**lve
c**ue**nte	d**ue**rma	v**ue**lva
contad	dormid	volved
c**ue**nten	d**ue**rman	v**ue**lvan

• U > UE

Jugar
juega
juegue
jugad
jueguen

• E > I

Elegir	Pedir	Vestir
el**i**ge	p**i**de	v**i**ste
el**i**ja	p**i**da	v**i**sta
elegid	pedid	vestid
el**i**jan	p**i**dan	v**i**stan

• I > Y

Construir	Huir
constru**y**e	hu**y**e
constru**y**a	hu**y**a
construid	huid
constru**y**an	hu**y**an

Verbos completamente irregulares

Decir	Hacer	Ir	Oír	Poner	Salir	Ser	Tener	Venir
di	**haz**	**ve**	**oye**	**pon**	**sal**	**sé**	**ten**	**ven**
diga	**haga**	**vaya**	**oiga**	**ponga**	**salga**	**sea**	**tenga**	**venga**
decid	haced	id	oíd	poned	salid	sed	tened	venid
digan	**hagan**	**vayan**	**oigan**	**pongan**	**salgan**	**sean**	**tengan**	**vengan**

La 2.ª persona del plural *(vosotros/as)* del imperativo es siempre regular.

Verbos reflexivos

Acostarse	Despertarse	Dormirse	Levantarse	Reírse	Vestirse
acu**é**sta**te**	despi**é**rta**te**	du**é**rme**te**	levánta**te**	ríe**te**	víste**te**
acu**é**sta**se**	despi**é**rte**se**	du**é**rma**se**	levánte**se**	ría**se**	vísta**se**
acosta**os**	desperta**os**	dorm**íos**	levanta**os**	reí**os**	vest**íos**
acu**é**sten**se**	despi**é**rten**se**	du**é**rman**se**	levánten**se**	rían**se**	vístan**se**

Pretérito perfecto de indicativo

Verbos regulares

1.ª conjugación -AR CANTAR	2.ª conjugación -ER COMER	3.ª conjugación -IR VIVIR
he cant**ado**	**he** com**ido**	**he** viv**ido**
has cant**ado**	**has** com**ido**	**has** viv**ido**
ha cant**ado**	**ha** com**ido**	**ha** viv**ido**
hemos cant**ado**	**hemos** com**ido**	**hemos** viv**ido**
habéis cant**ado**	**habéis** com**ido**	**habéis** viv**ido**
han cant**ado**	**han** com**ido**	**han** viv**ido**

Participios irregulares

abrir > **abierto**	escribir > **escrito**	poner > **puesto**	romper > **roto**
cubrir > **cubierto**	hacer > **hecho**	prever > **previsto**	satisfacer > **satisfecho**
decir > **dicho**	imprimir > **impreso, imprimido**	resolver > **resuelto**	ver > **visto**
descubrir > **descubierto**	morir > **muerto**	revolver > **revuelto**	volver > **vuelto**

Claves

Unidad 1: Nos presentamos

1. **1.** once, diecinueve; **2.** diez, dieciocho; **3.** veintiuno, treinta, cuarenta y dos; **4.** cuarenta, sesenta, ochenta.

2. Posible respuesta:

3. **1.** cuarenta y dos; **2.** noventa; **3.** cincuenta y cinco; **4.** sesenta y dos; **5.** cincuenta y uno; **6.** ciento dos; **7.** dieciocho; **8.** veintiuno; **9.** doce; **10.** veintidós.

4. **1.** doce; **2.** diecinueve; **3.** veinticuatro; **4.** veintisiete; **5.** treinta y tres; **6.** cuarenta y nueve.

5. **1.** australiano; **2.** australiana; **3.** francés; **4.** francesa; **5.** estadounidense; **6.** estadounidense; **7.** indio; **8.** india; **9.** egipcio; **10.** egipcia; **11.** italiano; **12.** italiana; **13.** alemán; **14.** alemana; **15.** brasileño; **16.** brasileña.

5a. Relacionar imágenes con palabras.

6. **1.** holandeses; **2.** egipcias; **3.** japonés; **4.** franceses; **5.** colombiano; **6.** española; **7.** brasileño; **8.** estadounidense.

7. **1.** cocinero/a; **2.** enfermero/a; **3.** recepcionista; **4.** cantante; **5.** arquitecto/a; **6.** escritor/a; **7.** futbolista; **8.** director/a; **9.** pintor/a; **10.** actor/actriz.

8. **1.** actor estadounidense; **2.** futbolistas brasileños; **3.** pintores mexicanos; **4.** arquitecto español; **5.** cantante colombiana; **6.** pintor holandés; **7.** político ruso/presidente ruso; **8.** actrices estadounidenses.

9. **1.** b; **2.** f; **3.** a; **4.** c; **5.** d; **6.** e.

10. **1.** eres; **2.** es; **3.** sois; **4.** son; **5.** tengo; **6.** tiene; **7.** tenemos; **8.** tienen; **9.** hablo; **10.** hablas; **11.** habláis; **12.** hablan; **13.** me; **14.** llamas; **15.** se llama; **16.** llamamos; **17.** os; **18.** se.

11. **1.** nosotros; **2.** llamo; **3.** sois; **4.** somos; **5.** ustedes; **6.** ellas; **7.** trabajamos; **8.** tengo; **9.** tenemos; **10.** viven.

12. **1.** d; **2.** g; **3.** a; **4.** c; **5.** e; **6.** h; **7.** f; **8.** b.

13. **1.** ¿De dónde son?; **2.** ¿Cuántos años tenéis?; **3.** ¿Cuál es tu profesión?/¿A qué te dedicas?; **4.** ¿Dónde vive?; **5.** ¿Qué lenguas/idiomas habláis?

14. **Lugares de trabajo:** hospital, escuela, empresa, tienda, clínica.

Nacionalidades: cubana, británica, canadienses, iraní, polaca, peruana, japoneses, alemán.

Profesiones: conductor, enfermera, mesero, farmacéutica, diseñadora gráfica.

Verbos: vivir, dedicarse, trabajar, escribir, llamarse, ser, tener, saludarse, relacionar.

15. **1.** treinta y siete años; **2.** abogado; **3.** mmoreno@mail.com; **4.** Alonso; **5.** Diseñadora gráfica; **6.** 913 251 388.

16. **1.** F; **2.** V; **3.** F; **4.** V; **5.** F; **6.** F; **7.** V; **8.** V.

17. Respuesta abierta.

18. **1.** b; **2.** h; **3.** k; **4.** m; **5.** i; **6.** g; **7.** q; **8.** ñ; **9.** n; **10.** j; **11.** e; **12.** c; **13.** r; **14.** d; **15.** f; **16.** o; **17.** a; **18.** l; **19.** p.

19. **1.** La Habana; **2.** Bogotá; **3.** Ciudad de México; **4.** Buenos Aires; **5.** San José; **6.** Caracas; **7.** Lima; **8.** Madrid.

20. **1.** V; **2.** F (casi 600 millones, 567); **3.** V; **4.** F (México está en América del Norte); **5.** V; **6.** V; **7.** F (se usan dos: el primero del padre y el segundo de la madre); **8.** F (la palabra "celular" es propia de Hispanoamérica).

Unidad 2: Mi casa, mi barrio

1. **1.** c; **2.** f; **3.** e; **4.** a; **5.** b; **6.** d.

2. **5.** vivienda.

3. **1.** baño; **2.** colegio; **3.** horno; **4.** jardín; **5.** garaje.

4. **1.** F; **2.** F; **3.** V; **4.** V; **5.** V; **6.** F; **7.** V; **8.** F; **9.** F; **10.** V.

4a. **1.** La señora está interesada en alquilar un piso; **2.** La referencia del piso es 9214; **6.** El piso está bien comunicado porque tiene una parada de metro y dos de autobús; **8.** Para llegar al centro comercial es necesario el coche, pero el colegio está enfrente; **9.** La cita es en la calle Cartagena, 15, en la puerta.

5. **1.** nevera; **2.** edificio; **3.** salón; **4.** alquiler; **5.** terraza; **6.** balcón; **7.** ascensor; **8.** lavadora.

6. **En el barrio:** hospital, parque, supermercado, farmacia, tienda, cafetería, colegio, banco; **En la casa:** cocina, mesa, electrodoméstico, terraza, dormitorio, mueble, baño, calefacción, silla, horno.

7. **1.** C; **2.** A; **3.** D; **4.** B; **5.** B; **6.** A; **7.** D; **8.** C.

8. Respuesta abierta.

9. **1.** niña; **2.** mujer; **3.** madre; **4.** yegua; **5.** perra; **6.** gata; **7.** profesora; **8.** chica.

10. **el:** árbol, lápiz, apartamento, viaje; **la:** televisión, escuela, radio, nacionalidad; **los:** viajes, baños, libros, problemas; **las:** calles, plantas, casas, manos.

11. **1.** M, camiones; **2.** M, dormitorios; **3.** M, edificios; **4.** F, actrices; **5.** M, mapas; **6.** F, manos; **7.** F, historias; **8.** M, viajes; **9.** M, amigos; **10.** F, noches.

12. **1.** a; **2.** c; **3.** b; **4.** a.

13. **1.** unas cocinas; **2.** unas casas; **3.** unas habitaciones; **4.** unos baños; **5.** unos salones; **6.** unos lavavajillas; **7.** unas lavadoras; **8.** unos hornos microondas; **9.** unos sofás; **10.** unos ascensores.

14. **1.** la; **2.** los; **3.** el; **4.** los; **5.** el; **6.** las; **7.** la; **8.** el; **9.** los; **10.** la; **11.** el; **12.** los.

15. **1.** una; **2.** unos; **3.** unos; **4.** un; **5.** un; **6.** una; **7.** unos; **8.** una; **9.** un; **10.** un; **11.** una; **12.** un.

16. 1, 3, 4, 6.

17. **1.** está; **2.** hay; **3.** están; **4.** hay; **5.** está; **6.** hay.

18. **1.** B; **2.** A; **3.** F; **4.** C; **5.** E; **6.** D.

19. **1.** hay; **2.** está; **3.** Hay; **4.** hay; **5.** tiene; **6.** tiene; **7.** hay; **8.** está.

20. **1.** e; **2.** b; **3.** a; **4.** d; **5.** c.

21. **1.** V; **2.** F; **3.** F; **4.** F.

22. **1.** ¿Cuántos restaurantes hay en tu barrio?; **2.** Los platos están dentro del armario; **3.** En mi jardín hay muchos árboles; **4.** En la habitación hay poco espacio porque tiene muchos muebles.

23. **1.** cuatrocientos cincuenta y cinco; **2.** trescientos noventa y uno; **3.** seiscientos sesenta y siete; **4.** setecientos setenta y seis; **5.** ochocientos cincuenta y tres; **6.** quinientos ochenta y siete.

24. **1.** primera planta; **2.** primer piso; **3.** tercer año; **4.** décima edición; **5.** séptima pregunta; **6.** octavos juegos.

25. **1.** C; **2.** B; **3.** D; **4.** A; **5.** F; **6.** E.

26. **1.** F (están en el centro); **2.** V; **3.** V; **4.** F (es de estilo modernista); **5.** V; **6.** F (está en el centro de las Ramblas); **7.** V.

27. Respuesta abierta.

Unidad 3: Vamos de viaje

1. **1.** a; **2.** c; **3.** f; **4.** e; **5.** b; **6.** d.

2. **1.** museo; **2.** ruinas; **3.** mirador.

3. Respuesta abierta.

4. **1.** iglesia; **2.** plaza; **3.** mirador; **4.** ruinas; **5.** parque; **6.** museo.

5. **1.** piscina; **2.** duchas; **3.** baños; **4.** aparcamiento; **5.** parque infantil; **6.** zona de acampada.

6. **1.** b; **2.** c; **3.** a; **4.** d; **5.** e.

7. **1.** V; **2.** F; **3.** F; **4.** F; **5.** V.

8. Ver un museo, ver monumentos y ver un espectáculo.

9. **1.** mercado; **2.** submarinismo; **3.** surf; **4.** montaña.

10. **Turismo de naturaleza:** C, D, F; **Turismo de sol y playa:** B, H; **Turismo cultural:** A, E, G.

11. **1.** vas; **2.** va; **3.** vais; **4.** van; **5.** viajo; **6.** viaja; **7.** viajamos; **8.** viajan; **9.** puedo; **10.** puedes; **11.** podéis; **12.** pueden; **13.** prefieres; **14.** prefiere; **15.** preferís.

12. **1.** a; **2.** en; **3.** a; **4.** en; **5.** a; **6.** a, en.

13. **1.** medio de transporte; **2.** tiempo; **3.** destino; **4.** localización; **5.** distancia; **6.** destino.

14. 1, 4, 5.

15. **1.** es; **2.** es; **3.** hay; **4.** está; **5.** hay; **6.** hay; **7.** hay; **8.** está; **9.** Es.

16. **1.** b; **2.** e; **3.** a; **4.** c; **5.** d.

16a. Respuesta abierta.

17. **María:** 3, 6; **Juan:** 1, 5; **Manuel:** 2, 4.

18. **1.** b; **2.** c; **3.** a.

19. **1.** recepcionista; **2.** ubicación; **3.** bufé libre; **4.** aire acondicionado; **5.** conexión wifi; **6.** minibar; **7.** habitación doble; **8.** aparcamiento.

20. **1.** f; **2.** e; **3.** g; **4.** c; **5.** b; **6.** h; **7.** a; **8.** d.

21. **Lo mejor (M):** bufé libre, baño y la ubicación.
Lo peor (P): habitación, aire acondicionado, conexión wifi y aparcamiento.

22. **1.** voy, vamos; **2.** puedes; **3.** prefieren; **4.** cuesta, cuestan.

23. **1.** V; **2.** F; **3.** F; **4.** V; **5.** V; **6.** F.

24. Respuesta abierta.

25. **1.** B; **2.** D; **3.** A; **4.** C.

26. **1.** b, F; **2.** a, D; **3.** d, C; **4.** e, A; **5.** c, E; **6.** f, B.

27. **1.** V; **2.** V; **3.** F (está en Coyoacán, a 11 km de Ciudad de México); **4.** V; **5.** V; **6.** F (es típica de España); **7.** F (se puede comer y escuchar música de mariachis); **8.** V.

Unidad 4: En familia

1. 1. abuelo; 2. abuela; 3. madre; 4. padre; 5. tía; 6. tío; 7. hija; 8. hermano; 9. prima; 10. primo.
2. 1. mujer, hija, hijo menor; 2. marido, hija mayor; 3. sobrinos, nietos; 4. hermanos, padres; 5. primos, abuelos; 6. tía, tío.
3. 1. alto; 2. el pelo largo; 3. delgada; 4. rubio; 5. el pelo rizado; 6. rubia; 7. el pelo liso; 8. simpáticos.
4. 1. camisa; 2. jersey; 3. zapatillas de deporte; 4. bolso; 5. pantalones vaqueros; 6. falda; 7. abrigo; 8. zapatos.
5. 1. piel/cuero; 2. lana; 3. seda; 4. algodón.
6. 1. rojo; 2. verde; 3. azul; 4. blanco; 5. naranja; 6. amarillo; 7. rosa; 8. negro.
7. 1. V; 2. F; 3. F; 4. V; 5. F.
8. Respuesta abierta.
9. 1. practico; 2. llegas, ves; 3. comemos, viven; 4. trabaja; 5. viajan, conocen; 6. regala.
10. 1. P; 2. P; 3. H; 4. H; 5. P; 6. H.
11. 1. me llamo; 2. llaman; 3. vivimos; 4. Estudio; 5. practicamos; 6. trabaja; 7. viaja; 8. trabajan; 9. comemos; 10. prepara.
12. 1. c; 2. f; 3. a; 4. d; 5. b; 6. e.
13. 1. *estar* + gerundio; 2. -ando; 3. -iendo.
14. 1. E, está montando; 2. C, Está tomando, está paseando; 3. G, Está leyendo; 4. B, Están mirando; 5. D, Están jugando; 6. A, está haciendo; 7. F, Están sonriendo.
15. 1. activa; 2. tranquila; 3. seria; 4. trabajador; 5. simpáticos; 6. divertidos; 7. alegres.
16. 1. estos; 2. esas; 3. aquellos, Estos; 4. Esos, estos; 5. Esta; 6. ese, este.
17. 1. nuestra; 2. vuestros; 3. Su; 4. mis; 5. Sus; 6. su.
18. 1. C; 2. B; 3. A.
19. Respuesta abierta.
20. 1. F (zapatos de Manolo Blahnik); 2. V; 3. F (camiseta de Custo Dalmau); 4. V.
21. 1. b; 2. d; 3. a; 4. c.
22. 3, 5, 2, 1, 4.

Unidad 5: Igual que todos los días

1. 1. Las doce y diez; 2. Las siete y cuarto; 3. La una menos cinco; 4. Las dos y media; 5. Las seis en punto; 6. Las cinco menos veinticinco.
2. 1. lunes; 2. martes; 3. miércoles; 4. jueves; 5. viernes; 6. sábado; 7. domingo.
3. 1. B; 2. F; 3. C; 4. E; 5. D; 6. A.
4. 1. F; 2. F; 3. V; 4. V; 5. F.
5. 1. a; 2. b; 3. c; 4. c; 5. a; 6. c.
6. **Acciones cotidianas:** Hacer la compra, Coger el metro, Ir a clase, Hacer la cama; **Comidas del día:** desayuno, comida, cena, merienda; **Actividades de tiempo libre:** Salir con amigos, Dar un paseo, Organizar un viaje, Cenar fuera.
7. 1. c; 2. b; 3. c; 4. d; 5. a; 6. b.
8. 1. El horario de las tiendas es de 9:00 a 20:00 h; 2. Los centros comerciales abren todos los días de la semana; 3. ¿Desayunas en casa normalmente?; 4. ¿A qué hora te levantas?; 5. ¿Quién prepara la cena en tu casa?; 6. ¿Qué horario de trabajo tienes?
9. 1. d; 2. e; 3. a; 4. b; 5. c.
10. 1. B; 2. C; 3. A; 4. D.
11. 1. empieza; 2. salimos; 3. pido; 4. juegas; 5. nos acostamos; 6. hago; 7. dormís; 8. quieren; 9. puede; 10. volvemos.
12. **c › zc:** conduzco, traduzco, ofrezco, conozco, nazco; **-go:** salgo, pongo, caigo, traigo, valgo; **Otros verbos:** veo, quepo, doy, estoy; **Verbos con doble irregularidad:** vengo, tengo, oigo, digo.
13. 1. nos; 2. se; 3. te; 4. me; 5. se; 6. os.
14. 1. b; 2. a; 3. c; 4. a; 5. b; 6. c; 7. a; 8. b.
15. 1. vosotros/as, pedir; 2. tú, sentir; 3. ellos, ellas, ustedes, divertirse; 4. nosotros/as, comenzar; 5. él, ella, usted, poder; 6. yo, entender; 7. tú, medir; 8. él, ella, usted, contar; 9. vosotros/as, vestirse; 10. yo, elegir; 11. ellos, ellas, ustedes, probar; 12. yo, servir; 13. ellos, ellas, ustedes, volar; 14. ellos, ellas, ustedes, cerrar; 15. ellos, ellas, ustedes, jugar; 16. tú, pensar.
16. 1. juega; 2. duermen; 3. Prefiero; 4. corregimos; 5. vuelven; 6. cierro; 7. quieres; 8. pedimos.
17. 1. viven; 2. mide; 3. juega; 4. quiere; 5. es; 6. viste; 7. prefiere; 8. cierran; 9. duerme; 10. se divierten; 11. tienen; 12. pueden.
18. 2, 3, 5.

19. **Para expresar frecuencia:** todas las noches, todas las tardes, todos los días; **Para ordenar las acciones en el tiempo:** primero, antes, después; **Para referirse a una parte del día:** por la tarde, por la noche.

20. **1.** me llamo; **2.** tengo; **3.** Vivo; **4.** trabajo; **5.** es; **6.** tiene; **7.** trabajo; **8.** empiezo; **9.** tengo; **10.** termino; **11.** salgo; **12.** voy; **13.** hacemos; **14.** volvemos; **15.** llego; **16.** hago; **17.** llamo; **18.** pido; **19.** vamos; **20.** hacemos; **21.** paseamos; **22.** organizamos.

21. **1.** F (trabaja en una escuela); **2.** V; **3.** F (a veces come en la escuela); **4.** V; **5.** F (casi siempre va a pie); **6.** F (durante los fines de semana hacen la compra, hacen deporte, pasean y a veces organizan viajes); **7.** V (Alfredo prepara la cena para los dos); **8.** V.

22. Respuesta abierta.

23. **1.** F (solo el 28 % de la gente merienda); **2.** V; **3.** V; **4.** F (aprovechan para salir a comer o cenar fuera); **5.** F (comen en el trabajo); **6.** V.

24. **1.** a; **2.** c; **3.** b; **4.** c.

Transcripciones

Unidad 1

[1]

Los números ganadores de la bonoloto son: doce, diecinueve, veinticuatro, veintisiete, treinta y tres, cuarenta y nueve. Repetimos: doce, diecinueve, veinticuatro, veintisiete, treinta y tres, cuarenta y nueve.

[2]

Diálogo 1

▶ Buenos días.
▷ Buenos días. Quiero inscribirme en el gimnasio.
▶ Muy bien. Vamos a rellenar el formulario de inscripción. ¿Me puede decir su nombre?
▷ Me llamo Miguel.
▶ ¿Y su apellido?
▷ Mi apellido es Moreno.
▶ ¿Cuántos años tiene, Miguel?
▷ Tengo 37 años.
▶ ¿Y cuál es su profesión?
▷ Soy abogado.
▶ ¿Me puede decir su número de teléfono?
▷ Sí, es el seis cero nueve, treinta, cincuenta y cuatro, sesenta y seis.
▶ Y, por último, su correo electrónico.
▷ mmoreno77@mail.com
▶ ¿Puede deletrear, por favor?
▷ Sí, claro: eme, eme, o, erre, e, ene, o, siete, siete, arroba, mail punto com.
▶ Perfecto. Muchas gracias. Ahora, necesitamos su cuenta bancaria...

Diálogo 2

▷ Hola, Ana, soy David, de Élite Sports. ¿Cómo estás? ¿Tienes un momento?
▶ Hola, David. Sí, claro, ¿qué pasa?
▷ Tenemos un problema con el sistema informático y necesito escribir de nuevo tus datos personales para la ficha de cliente. ¿Me puedes decir tu apellido?
▶ Sí, mi apellido es Alonso. A, ele, o, ene, ese, o.
▷ Tu edad, por favor.
▶ Tengo 55 años.
▷ Tú trabajas de diseñadora, ¿verdad?
▶ Sí, sí, soy diseñadora gráfica.
▷ Tu número de teléfono de casa...
▶ Es el 91 325 13 88. Te lo repito: nueve, uno, tres, dos, cinco, uno, tres, ocho, ocho.
▷ ¿Y cuál es tu correo electrónico?
▶ Mi correo es aalonso@mail.com
▷ Muchas gracias, Ana.
▶ De nada. Nos vemos esta tarde. ¡Hasta luego!

Unidad 2

[3]

▶ Buenos días. Inmobiliaria Mi Casa Ideal, dígame...
▷ Hola, buenos días. Estoy interesada en el piso de alquiler con referencia 9214, pero necesito alguna información más.
▶ Sí, adelante, dígame.
▷ Pues quiero saber en qué calle está y en qué planta.
▶ Ese piso está en la calle Cartagena, 15, quinta planta.
▷ ¿Hay conserje en el edificio? ¿Y garaje?
▶ En el edificio sí hay un conserje 24 horas, pero no, no tiene garaje.
▷ Una cosa más... ¿Cómo es el barrio? Perdone si le hago tantas preguntas.
▶ No, no se preocupe, es mi trabajo. El barrio es residencial y tranquilo. Está muy bien comunicado porque cerca hay una estación de metro y dos paradas de autobús. Enfrente hay varios supermercados, una panadería y un colegio. Hay un centro comercial, pero está lejos, a 15 minutos en coche. El barrio también cuenta con una farmacia abierta las 24 horas.
▷ Pues parece que está muy bien. ¿Puedo verlo?
▶ Sí, claro.
▷ ¿Es posible mañana?
▶ ¿Le parece bien a las cinco? Es mejor verlo de día.
▷ Sí, sí, perfecto.
▶ Pues entonces a las cinco en la calle Cartagena, 15. Estaré en la puerta.
▷ Muchísimas gracias, allí nos vemos.

[4]

a.
▶ ¡Qué diferente está ahora!
▷ Sí, después de la reforma, la bañera está delante del lavabo.

b.
▶ Pues, no, no hay muchas cosas, los muebles son blancos, todo muy minimalista.
▷ Sí, minimalista, aunque tiene todo lo necesario: hay una nevera muy grande y al lado hay un horno eléctrico. La mesa y las sillas están en medio...

c.
▶ Muy grande y luminosa, sí, pero... ¿no hay armarios?
▷ No, solo hay una cama y una lámpara para leer.

d.
▶ ¿El coche? En el garaje, claro...
▷ Ah, es verdad. Hay tantas cosas dentro de tu garaje que es casi imposible saber dónde está el coche.
▶ Tienes razón, ja, ja, ja...

e.
▶ ¡Es enorme!! Hay mucho espacio.

▷ Sí, sí, es muy grande, pero el coche está en la calle.

f.

▶ ¿La lámpara que está al lado del sofá es nueva?
▷ No, es que normalmente está entre las dos ventanas.
▶ Pero entre las dos ventanas está la tele.
▷ Claro, claro, la tele sí es nueva, por eso hemos cambiado la lámpara.
▶ ¡Ah, vale!

Unidad 3

[5]

Hola, me llamo María. Mi transporte favorito es la bicicleta. Es el transporte más económico. La utilizo los fines de semana para ir al campo. Me gusta mucho la naturaleza y la música, por eso me gusta viajar en coche con mi padre, porque puedo escuchar canciones.

Yo soy Juan. Yo prefiero viajar en avión. Lo mejor del avión es que es muy puntual, además de cómodo. Para mí es muy importante llegar a tiempo a los sitios, por eso intento no viajar en autobús, porque pienso que es el transporte menos puntual.

Yo me llamo Manuel. Mis amigos dicen que prefieren ir a la escuela en autobús porque pueden dormir, pero yo todos los días voy en mi bicicleta porque así hago ejercicio y no contamino.

[6]

Os voy a dar mi opinión sobre el hotel de mis vacaciones. Lo mejor es el desayuno, sin duda, es un bufé que tiene de todo y todo muy bueno, es maravilloso. Lo peor es que las habitaciones son muy pequeñas y el aire acondicionado no funciona bien, pero el baño me encantó, es enorme y tiene bañera. Si vas en coche es horrible, porque no hay aparcamiento y en esa zona hay mucho tráfico, porque, claro, el hotel está en el centro de la ciudad; eso para mí es fantástico. Y otra cosa mala es que el wifi no funciona bien.

Unidad 4

[7]

Andrés es mi hermano mayor. Vive en Santander. Tiene 20 años y es alto y gordito. Tiene los ojos oscuros y el pelo rubio, un poco largo. Lleva barba y gafas.
Ahora está aquí con nosotros y hoy lleva pantalones vaqueros cortos, una camisa verde de manga larga y zapatillas de deporte blancas. Es un poco tímido. Siempre estudia mucho, es muy trabajador.

[8]

Ana tiene una familia muy grande y muy unida. Hacen muchas cosas juntos. Los domingos, por ejemplo, siempre van al parque. Ana es muy activa y su hermana es tranquila. Su madre es seria y no habla mucho. Su padre es trabajador. Sus tíos siempre cuentan anécdotas curiosas, son simpáticos. Sus primos juegan, son pequeños y muy divertidos. Sus abuelos son alegres. Viven muy cerca de su casa y hablan mucho con ella.

Unidad 5

[9]

¿Un día normal en mi vida? No tengo días normales, ja, ja, ja... Yo estudio y trabajo. Por la mañana voy a la universidad, estudio Arte Dramático, pero por las noches trabajo como camarero. Es difícil levantarse temprano, por eso no voy a clase todos los días; porque, a veces, el restaurante cierra muy tarde y casi nunca me acuesto antes de las doce y media. Mi vida es muy diferente a la de mis hermanos y mi novia. Ellos solo estudian. Por la mañana van a clase, por la tarde a la biblioteca y por la noche, antes de cenar, al gimnasio. ¡Qué vida tan dura! ¿Eh?

[10]

1. Todos los días llego a la oficina a las nueve de la mañana.
2. Nunca voy al trabajo en autobús o metro, porque vivo muy cerca y prefiero ir en bici.
3. ¿Mi trabajo? Muy tranquilo y hasta aburrido. Vigilo una sala de un museo...
4. De lunes a viernes no hay mucho trabajo, pero los fines de semana tenemos muchos clientes, es necesario reservar.

Notas

Notas

Notas